个体社会学

L'INDIVIDU ET SES SOCIOLOGIES

〔法〕达尼罗·马尔图切利 (Danilo Martuccelli) 著
弗朗索瓦·德·桑格利 (François de Singly)

吴真 译

商务印书馆
The Commercial Press

Danilo Martuccelli

François de Singly

L'INDIVIDU ET SES SOCIOLOGIES

Copyright © Armand Colin, Malakoff, 2018 for the third edition

ARMAND COLIN is a trademark of DUNOD Editeur-11, rue Paul Bert-92240 MALAKOFF.

Simplified Chinese language translation rights arranged through Divas International, Paris

巴黎迪法国际版权代理(www.divas-books.com)

根据法国阿尔芒·科兰出版社2018年第三版译出

译者前言

一直以来，人们总会把法国当成个体主义思想的圣地。的确，早在启蒙运动和大革命时代，那里就形成了一股追求人人平等、尊重个体自由的风潮，而且这股风潮曾一度吹遍东西方国家的大街小巷，成为许多人心中的"精神食粮"。然而，倡导一种理想和实现一种理想并不是一回事，就像"自由、平等、博爱"这样至高无上的愿景很难成为每个法国人天天都会遵守的行为规范一样。实际上，在很长的一段时间，与英国、德国和北欧诸国相比，现实中的法国社会无论在政策制定上，组织管理上，还是对社会现象的研究上，个体的多样性、自主性和能动性都未能得到足够的重视，甚至还曾出现过回避、排斥，乃至贬低"个体"的倾向。涂尔干在研究自杀行为时就强调过，他所关注的是一种社会视域下的行为，所以并不会考虑自杀者个人的精神状态、动机意向、心智情绪和其他非结构性因素。于是，在他的引领下，法国社会学便开始在社会系统与个体架构而成的天平上不断给前者添加砝码，而后者则很快变成一种可以忽略不计的附属品。相反，在德国，与涂尔干同时代的韦伯和齐美尔却在分析和探求人的精神世界和个性层面的种种问题。他们的这种研究视角为后世的法兰克福学派打下了基础，也为百年之后法国社会学重新认识个体、分析个体提供了思路。如今，个体主义理念在法国的回归似乎就是文艺复兴时期人们对古希腊文明的追溯与崇尚。尤其是近二十年间，以个体为焦点的社会学研究越来越多见，甚至已成为法国学界的主流。本书就是一部以综述的形式对个体社会学的缘起与发展进行梳理和点评的作品。

我第一次发现这本小册子正是其法文第一版刚发行的那一年，也就是2009年。之前，我也曾读过马尔图切利和桑格利教授各自撰写的专著。作为法国社会学界颇具名望的大人物，他们的作品向来独具匠心又发人深省，而此次二人的合著更是引人瞩目。起初我拿到这本区区百余页的书，还有点"三下五除二就把它解决"的妄想。然而读过几页之后便立刻感到，要想深入领会其全部内涵还真得费些功夫。因此，在随后的几年，我又陆续读了数遍，直到如今能有信心把它译成中文。此次翻译的版本是他们在2018年新修订的第三版。除了对原有的四个章节进行了删减或补足之外，两位作者还增写了第五章，意在将当前社会面临的一些现实问题和未来的发展趋势摆上台面，并对照之前论述的个体主义思想和个体社会学理论，为读者开启一扇通往"生命体验"和"人文关怀"的大门。

这本书之所以吸引我，主要是因为它破除了过去我作为一个"科班"社会学者所保有的一些老观念。而这些老观念恐怕也是许多学界同行曾经或还在坚持的立场。其中之一就是:社会学无须研究个体。

今天,仍有不少国内外的学者认为,社会问题,尤其是中国的社会问题是制度问题、文化问题,而不是个体问题。同时,个体在强大的制度和文化面前往往也弱小无力,发挥不了太大作用。何况社会学这门学科本身就是以社会系统为研究对象的,所以关注个体的经验和意识会削弱学科的正统性和独立性。此外,为了保证所谓的"科学性",不少学者会按照涂尔干所说的"用对待客观事实的态度来考察社会现象",而鉴于个体自身带有主观性和非理性,他们便认为个体层面的分析不具有代表性,也不够精准、确凿。由此,在探索某种行为规律时,社会学者总会优先考虑阶级分层、组织结构、制度规范、文化价值等宏观因素,而极少涉及个体的意识导向、行为目的、情绪反应……似乎这些都该划归为心理学的"领地"。我从前也是这样想、这样做的。

然而,到了今天这个千差万别、变化无常的社会,宏观层面的论述是否还能够囊括所有的个体?个体在制度、文化面前是否仍然软弱无力、不足为道?而他们的主观意识是否也永远不会转变为一种客观存在?伴随着越来越多的观察、走访和体验,这些疑问开始动摇我过去的信念。还记得有次我在大街上闲逛,突然注意到一位坐在保洁车上午休的环卫工大姐。她身穿一身橘红色的工装,脸上尽是暴晒后留下的黑斑和皱纹,可是手上却捧着一本《新华成语词典》在津津有味地阅读。而此时,一只长把簸箕还靠在她的身边……还有一次,一位法国友人邀我参加一场户外电子音乐会,本以为这种"振聋发聩"的场面只会受年轻人喜爱,谁知在兴奋激昂的人群中竟然还有几位"银发族"。可见,"文化实践"不再像布尔迪厄所说的那样阶层化、群体化,而更多地是如拉伊尔所说的那样杂糅化、个体化。不仅如此,在印度有个名叫恰拉姆的人,后来被称为"卫生巾英雄",他通过研发和生产清洁又廉价的卫生巾,试图以一己之力改变众多印度妇女在经期的窘境和长久以来传统文化和父权社会对她们的打压。又如,一部根据真实事件改编的电影《决不让步》,其主角是一名女矿工,她长期身处男权文化统治的矿场,身心饱受屈辱。在所有女工友都唯唯诺诺、忍气吞声的时候,只有她站出来奋起反抗,最终为女性赢得了应有的权利,也推动了相关法律的完善。可以说,在历史上和现实中,这样由单一个体来实现的社会变革比比皆是。从这个意义上讲,我们就应在"时势造英雄"之后再加上一句:"英雄也造时势"。至于个体主观意识是否具有客观性的问题,无论是齐美尔的《货币哲学》还是安德森的《想象的共同体》都对此进行过阐释,简单来讲那就是,如果人们笃定一种信念,它便有可能成为客观存在的现实。

其次,还存在第二种老观念,它将个体视为自私自利、无组织无纪律、不顾大局的人,并断言他们的自由会成为社会的隐患。这类对个体无序性、多样性和不可预知性的惧怕,在德国社会学那里隐隐表现为悲观主义的情绪，而到了法国保守派学者那里就成了明确的抵制和谴责。时至今日，有些人仍会把年轻一代和非主流群体在自主意识上的提升视为对既定社会秩序的威胁，同时也十分警惕在集体中的那些与众不同、离经叛道的个体。放眼现实社会，这中间有老一辈对"不婚一族""丁克夫妻"和同性群体的不满，也有教育选拔制度对异类学生和特殊人才的漠视，更有主流思想对不同声音的压制。无论在法国还是在中国，小到一个家庭、大到全体社会都存在不少这样的例子。然而个体化时代的到来却不可逆转，用涂尔干的话来说，个体主义是社会分工导致的必然结果，也将成为未来社会的信仰；而用桑格利的话来说，个体的崛起既是人道主义作为普适价值的胜利，又是人类文明进步的标志（桑格利所撰写的一部著作就题为《个体主义是一种人道主义》）。从这一点便可以看出，一方面，随着个体数量及其异质性的增加，在集体与社会中，那些标新立异的"非常态"将变得越发常态化，由此，个体所带来的不可预知性和不稳定性也将成为保守主义者必须接受的事实。另一方面，与德国学者的悲观态度相反，马尔图切利和桑格利所观察到的个体虽然也有孤独、无助、迷茫、抑郁的一面，但更多的是他们在面对人生考验和外在束缚时展现出的创造力、抗争力、自反性和能动性。在两位作者看来，正是个体的这些优势能够改变旧有的和非人格化的规范，从而建立更符合个人心理需求和自我价值追求的新秩序，也正是个体化的社会才能够让人们"活出自我",而不必盲从于权威或集体的意旨。个体天然就具备双重或多重的面向,不能因为他的"不确定""不从众"就否认其给社会发展带来的推动力。两位作者看到的恰恰是个体的这种优势和潜能,以及个体化文明所具有的乐观主义特质。

再次,传统社会学秉持的第三种老旧观念是误把个体当成"一座座孤岛"。可实际上,个体社会学者从未如此看待个体,他们也从未忽略对关系网络、结构性因素和制度规范的考察,以及对个体社会责任的探讨。但与前人明显不同的是,在个体与社会系统构建而成的天平上,这些学者正向个体的一端添加砝码,并使之与"负重"过多的另一端逐渐形成平衡的状态。他们的这种努力是符合社会现实的,也是符合文明发展趋势的。过去,社会学者通常喜欢用宏观的视角推演微观世界存在的问题。这种研究方法在高度集体化、同质化的社会是行得通的。但随着"现代性第二阶段"的到来,该方法的适用性就大大降低了,反而从微观层面推演宏观结构才会变得更加准确。打个比方,前一种方法就如同从远处眺望一排排如出一辙的建筑,而后一种方法则是从每一栋结构各异的房子中探查外面的一草一木。个体社会学所运用的就是这种反推的手法,即从个体的陈述、感知、反思和经历中解析社会文化环境的作用与弊端。

就我的理解,在个体社会学者看来,个体化主要涵盖三个层面的内容:其一是个体层面,它指的是社会对个体自反性和能动性的认知与认可；其二是人际关系层面，它体现的是个体与个体之间的彼此尊重和相对独立；其三是制度层面，它解答的是个体参与规则制定并自愿遵守规则的过程。实际上，在中国的传统社会并不缺乏个人利益的追求和自身欲望的诉求，费孝通对"差序格局"的比喻式描述便很好地展现出国人"以自我为中心"的关系网络构建模式。可是，这类关系网络的集合绝不是真正的个体化社会，因为它缺少了个体对他人权益、公共秩序和社会团结的责任感。那么，在从传统迈向现代的今天，什么才是个体？怎样成为个体？如何从社会的视角认识个体？个体又能对社会发挥何种作用？这些都是亟待中国学者解答的问题，也是身处现代化和个体化进程的中国民众需要思考的问题。《个体社会学》这本小书恰恰能够为此提供思路。

显而易见，该书并不是一部纯粹的学术理论著作，而更像是普及型和启发型的作品。对于一些较为晦涩的个体社会学理论，两位作者都尽力用通俗的语言进行描述和解读。与此同时，书中对研究方法和规程的介绍极具参考价值，可为越来越多致力于个体研究的学者提供借鉴和灵感。虽然在我看来有些研究范例不见得字字正确、句句真理，但它们给予我们一个批判性的或可供批判的空间，并让不同视角的社会学者展开讨论，由此来促成学科健康、均衡的发展。

可以说，社会学其实就是一种认识社会、改良社会的工具。而且很多时候，社会的改良、制度的创新往往需要依赖于个体且落实到个体。更何况，让每个个体过上安定幸福的生活，让社会充满平等自由的氛围和人性化的温暖，这不就是社会学研究工作的终极目标吗？

吴　真

2018 年 9 月于济南

目　录

卷首语 ……………………………………………… 1

引言 ………………………………………………… 2

　　平凡生活中的独行侠 ………………………… 2

　　个体社会学的构建 …………………………… 6

第一章　个体社会学的演进 ……………………… 11

　　第一节　现代性与个体 ……………………… 11

　　　　1. 涂尔干的"抽象"个体主义 …………… 12

　　　　2. 滕尼斯的"共同体与社会" …………… 16

　　　　3. 齐美尔的双重个体主义 ……………… 20

　　　　4. 个体主义的社会起源 ………………… 24

　　第二节　制度框架下的个体 ………………… 28

　　　　1. 制度的延续 …………………………… 29

　　　　2. 学校中的社会化 ……………………… 32

　　第三节　错误的出发点 ……………………… 38

　　第四节　制度化的个体主义 ………………… 42

第二章　个体主义的多国源流 …………………… 48

　　第一节　美国个体主义源流：制度与共同体 ……… 49

　　第二节　德国个体主义源流：以异化为视角 ……… 55

　　第三节　英国个体主义源流：自由与庇护 ………… 63

第四节　法国个体主义源流:特殊性与普适性 …… 67
第三章　个体社会学的理论构建 ………………… 72
　第一节　习惯与规则支配下的个体 ………………… 76
　　1. 让-克洛德·考夫曼:外化和内化的习惯…… 77
　　2. 伯纳德·拉伊尔:个体性的惯习 ………… 83
　第二节　制度与规范支配下的个体 ………………… 89
　　1. 多米尼克·梅米:用个体化语言管控社会 … 91
　　2. 阿兰·艾伦伯格:个体崇拜 ……………… 97
　第三节　他人扶助下的个体 ………………………… 101
　　弗朗索瓦·德·桑格利:角色的联结 ………… 103
　第四节　久经磨练的个体 …………………………… 109
　　1. 弗朗索瓦·杜贝:经验即"磨练" ………… 110
　　2. 达尼罗·马尔图切利:个性化
　　　过程中的历练 ……………………………… 114

第四章　个体社会学的研究方法 ………………… 121
　第一节　个体社会学与方法论个体主义的区分 … 121
　第二节　个体社会学也可使用定量方法 ………… 125
　　1. 用统计方法测量社会歧视对个体
　　　发展的影响 ………………………………… 126
　　2. 通过分析群体间和个体间的差异来认识
　　　个体的能动性 ……………………………… 127
　　3. 用定量方法分析行动关系与行动意义 … 132
　第三节　访谈法:个体社会学的首选 …………… 134
　　1. 关注个体的自我塑造 …………………… 134
　　2. 时间线或非时间线叙事法 ……………… 141

　　　　3. 综合考察行动的场景 ·················· 151
　第四节　个体社会学中的人物志 ·················· 156
　　　　1. 两种类型的人物志 ························ 157
　　　　2. 人物志的典范：共性与特性的结合 ········ 165

第五章　个体主义的多元表述 ·················· 170
　第一节　对自我的支配权和对外界的影响力 ······ 171
　　　　1. "我的身体属于我" ························ 178
　　　　2. 意愿与自主权 ····························· 184
　　　　3. 病患的权利 ································ 187
　第二节　从无产阶级的集体性到草根
　　　　　阶层的个体性 ····························· 193
　　　　1. 社会阶层与草根身份 ····················· 195
　　　　2. 发掘草根阶层的个体性 ··················· 202

结语 ·· 221
　第一节　如何从社会学的角度把握个体的
　　　　　二元性？ ·································· 221
　　　　1. 再议自主性的社会压力 ··················· 223
　　　　2. 对"自我化"部分的第一种处理方式：
　　　　　 回溯错综复杂的社会化过程 ············· 225
　　　　3. 对"自我化"部分的第二种处理方式：
　　　　　 聚焦于意识 ······························· 227
　第二节　非西方社会是否也存在"个体"？ ········ 230
索引 ·· 233
译后记 ·· 238

卷 首 语

　　自19世纪末人类进入现代社会以来，尤其是从20世纪60年代至今，个体便开始诉诸摆脱一脉相承的人伦关系，并试图彰显他们的个人魅力。在这种个体化浪潮的强力冲击下，那些习以为常的社会认知模式也开始广受质疑。

　　在德国社会学与英美社会学典籍中，个体化问题历来是备受关注的焦点，然而在法国的社会科学领域，围绕个体问题开展的理论创新也只有二十多年的历史。但在这短短的二十多年间，法国个体社会学已构建出了一套初具规模又百家争鸣的研究体系。

　　此书是第一部集合了个体社会学领域各方观点的作品，而且不带有任何折中主义和宗派主义的倾向，它旨在向读者展现这个在法国当代社会学中最具发展前景，也是最具创新意义的研究路径。

引　言

平凡生活中的独行侠

1982年,马歇尔·伯曼出版了一本描述现代性体验的名作——《一切坚固的东西都烟消云散了》。[①] 在他看来,现代性在成为一段历史或一类文化之前,首先是一种独特的个人体验,也是一种融合了过去与现在的生命旅程,在这样的旅程中,个体会意识到自身在被世界改变的同时也可以改变世界。伯曼从马克思与恩格斯的《共产党宣言》中汲取灵感,甚至把书里的这句话作为著述的标题,借此强调所有个体都有着改造世界的渴望。从这个意义上讲,个体作为"现代人"就意味着,他必须拥有丰富的经验,适应不同的时空环境,并有能力面对永无止境的欲望与风险。所以,现代性既是人类潜能自我开发的结果,又是一种特有的人生体验,这种体验能

[①] 马歇尔·伯曼(Marshall Berman):《一切坚固的东西都烟消云散了》(*All that's solid melts into air*),纽约:西蒙与舒斯特出版社,1982年。

够让个体在世俗洪流中找到一片悠然自得的"避风港"。

但伯曼的观点并不能让所有人心悦诚服。佩里·安德森就曾打着正统马克思主义者的旗号,对伯曼的论述进行过一番驳斥。① 在安德森看来,个体不是先于社会存在的,而是社会的组成部分。因此,我们不可能把个体的个人属性摆在他的社会属性之前。同理,人类的潜能也不是无穷无尽的,它显然受到生产力发展水平的制约。所以,社会变革只能是一种在政治层面引风吹火的集体行动,而与饱经世事的个人体验毫无关联。在最后,安德森还试图借用马克思主义著述中的另一个观点,概括性地指出,现代社会的改革创新其实无法与以往特定、旧有甚至早已过时的事件割裂开来,为此,我们也不应认为现代性体验具有超越历史维度的特质。简言之,围绕个体经历进行社会层面的分析只会是天方夜谭。

然而,伯曼并没有直接驳斥安德森的观点。② 他只是建议我们对身边的点滴生活进行一番审视。也恰恰是这些点滴生活能够将现代社会的多样性展现出来,同时为他的论述提供论据。这种对细微事物的捕捉反映出伯曼极其敏锐的观察力。可以说,他的研究包罗万象,其中既有对乐曲歌谣

---

① 安德森对伯曼的批评与反驳参见佩里·安德森(Perry Anderson):《交锋地带》(*A Zone Engagement*),伦敦:维尔索出版社,1992年,第二章及附言。
② 马歇尔·伯曼:"街头一景:回复佩里·安德森"(The Signs in the Street: a Response to Perry Anderson),《新左派评论》(*New Left Review*),第144期(1984年3—4月),第114—123页。

的解读,又有对交通工具的分析,但涉猎最多的还是人们的日常生活。一位大学生的经历便是他关注的对象之一。此人名叫拉里,刚刚大学毕业,为探讨学术问题和人生疑惑前来拜访伯曼。这个年轻人小时候曾被酒鬼父亲遗弃,由此度过了一个艰辛的童年。成年后因为有幸获得了一笔奖学金才念了大学。与伯曼谈天时,拉里只是一名别无出路的夜间出租车司机。尽管如此,他仍像那些怀抱理想主义的德国哲学家一般憧憬在学术的道路上有所作为。因此,伯曼建议他将他的家乡,那座以钢铁工业闻名的城市作为研究对象。就这样,拉里开启了他的研究之路。在他看来,家乡的一切都在崩塌,那里的人们无所适从。同时,家乡也令他厌恶,而正是这种厌恶感才使他开始重塑自我。伯曼的另一个事例来自一位名叫丽娜的 17 岁女大学生。她生于一个波多黎各家庭,用她自己的话来说,这个家庭封闭又保守。直到进入大学,她接触到了诗歌和女性主义思想,又亲身体验了政治生活,当然还邂逅了爱情、品尝了禁果,自此她的精神世界才得到解放。丽娜对生活的独立探索逐渐拉大了她与原生家庭的距离,同时,无论她是否能够意识得到,这样的经历也把她塑造成一位隐藏在现代生活中的"独行侠",即众多个体中的一员。伯曼由她的故事联想到一位知名现代艺术家所描绘的女性形象,①这位艺术家的作品往往以展现生命历程中的冲突为主题。

---

① 这里是指人体艺术家卡洛丽·舍尼曼(Carolee Schneeman)。——译者

为了归纳他的观点,伯曼又提到他儿时生活的街区——南布朗克斯(South Bronx),每年他都会重游故地。在回应安德森的文章中,伯曼讲起了他最近一次回家时的偶遇。在公交车上,他听到了一对黑人母女的对话。只见那位母亲体型壮硕、怒容满面,而一旁的女儿年纪在 15 岁上下,身着一条靓丽的粉色紧身裤。两人正是在这一场景中开始了一番争论。首先,母亲责备女儿不该买这条紧身裤,女儿则反驳说裤子是用自己的钱买的。而后,母亲继续道,一个女孩子把"屁股"勒成这样肯定不到毕业就会当妈。女儿却和缓地对母亲说:"妈妈不用担心。我们都是现代人,知道怎么保护自己。""现代人?"母亲依旧疾言厉色道:"那你可别给我生出个现代的娃来。"伯曼走下公交车,和那位身穿粉色紧身裤的女孩一样,心中喜不自胜。其中的理由很简单。在布朗克斯,居民的日子虽然艰苦,但仍旧充满乐趣且生生不息。而安德森等学者口中的现代性或真实性,绝不是某个被艺术化、学术化的瞬间,也不是早已过时的"创新理念",而是存在于大街小巷且鲜活生动的生命体验。

波德莱尔(Baudelaire)①所说的"现代生活中的英雄主义"最能确切地界定个体社会学的内涵。当然,也并不是所有投身于该领域的社会学家都会拥有伯曼那种对点滴生活的研究热情。尽管如此,这些学者都不约而同地注意到,个

---

① 法国 19 世纪著名的现代派诗人。——译者

体即便处在社会情景中也有能力彰显个性、表现自我。以伯曼或更早期的社会学家格奥尔格·齐美尔（Georg Simmel）为代表，他们所关注的不仅包括宏观世界中发生的重大事件，也涵盖市井街道和现实生活中的见闻琐事。在他们看来，如果连世人的衣食住行都无从知晓，连他们在面临困境时的坚韧不屈都无法领会，那么对社会发展所做的宏大叙事便是徒劳无用的。因此，在将相关理论与特定研究方法构建成一套分析路径之前，个体社会学首先需要一种颇具慧根又贴近现实的洞察力。

个体社会学的构建

如前所述，将个体作为社会学的研究对象，甚至重点研究对象，这在过去和现在都是极具争议性的话题。有反对意见认为，把个体设定为研究对象会导致整个学科的解体。然而，该观点实为一种误解。个体社会学探讨的"个体"并未脱离社会的范畴。而且正如我们这些个体社会学者说过的，现代性催生出"社会维度的方土异同，这种异质化过程是在经济结构、政治组织和法律构架的层面上实现的，它既依托与他人的关系，又承接个体以往的经历，同时还遵从个人的愿望和都市生活中的种种规则"。[①] 个体之所以存在，就是因为

[①] 达尼罗·马尔图切利（Danilo Martuccelli）:《从历练中成形》（*Forgé par l'épreuve*），巴黎：阿尔芒·科兰出版社，2006 年，第 429 页。

他对整个社会,尤其是制度和规范至关重要。虽然我们喜欢用源远流长的西方价值理念(通常认为西方价值理念更注重个体的自主性)来强调个体拥有行动的自由,但实际上在对这种自由进行界定的同时,还必须考虑到客观条件以及经济、社会环境。这里,个体与个体间形成的关系网络(尽管这种关系网络往往充斥着不平等),特别是借由信息技术而自然形成的大规模社交网络就是一个例证。既然"每个人都有社会性的一面,而且这种社会属性既能使他们与众不同,又能让他们实现自我的塑造",[1]那么当今社会中的个体就应具有更加多元的身份角色。所以从现实角度来看,个体在对自我进行界定的时候也会拥有更大的自主权。

在现代文明的影响下,西方社会更为关注个体。从19世纪末开始,这种趋势便已十分明显。涂尔干就曾针对个体做过一番论述。尽管他秉承整体主义的方法观,但对个体问题仍重视有加。他甚至断言,个体主义已成为现代社会中的一种信仰。不过在此之后,绝大多数的社会学者在描述社会现象时,还是喜欢将几乎全部的关注点放在分析社会阶层、群体行动、阶级斗争,以及集权统治下的社会现实问题上。与其他国家相比,这种倾向在法国更为盛行。直到20世纪60

---

[1] 威廉·詹姆斯(William James):《心理学原理》(*Principes de psychologie*),1890年,引用于让-马纽埃尔·奎罗兹(Jean-Manuel de Queiroz)、马莱克·兹奥尔科夫斯基(Marek Ziolkovski):《符号互动论》(*L'interactionnisme symbolique*),雷恩:雷恩大学出版社,1994年,第17页。

年代末,一些社会学者才又逐渐对个体产生了兴趣。但由于学界习惯于对"行动者"避而不谈,所以对个体的关注并未得到迅速的响应。这种研究视角的转变就如同物理学中的"滞后现象",又好似新入职场的员工需要一段时间的适应期一般缓慢。不仅如此,有的致力于个体研究的学者还发现,虽然"自我"(Self)概念的引入起始于社会学,但如今这块"阵地"早已被心理学占据。① 于是,他们只好再次回到齐美尔的著述中寻找灵感,因为也只有他曾在20世纪初尝试过构建一套带有个体主义色彩的社会学理论体系。

也就是从那时起,整体主义理念独霸一方的局面开始发生改变。在本书的第一章,我们就将回顾社会学如何自发或被迫地转向对个体层面的考察。此外,对于众多社会学家而言,远离历史、脱离现实的视角也不再可取,所以不同国家的学者建构出的个体及个体化理论也各有不同。第二章便以此为着眼点,从美国入手,对各个国家的理论进行依次介绍。我们之所以把美国放在首位,正是因为亚里西斯·德·托克维尔(Alexis de Tocqueville)在著述中最早记录了美国先于其他国家发生的社会变迁,而这种充满矛盾冲突的变迁不仅涉及社会结构层面,也与个体的生活息息相关。

本书的第三章旨在介绍法国个体社会学理论的四大主

---

① 尤其是查尔斯·库利(Charles Cooley)"镜中我"(Looking-glass self)的概念(1902年)。

要流派,它们包括:在规约与习俗框架下的个体社会化理论;受制于社会形象与社会准则的被动个体化理论;以人际关系为标尺的个体身份判定理论;以一系列人生考验为视角的个体塑造理论。由此可见,个体社会学并不会认为个体都是孤立且原子化的,同时也不会简单地认定个体都是理性的。相反,绝大多数的理论流派极为重视对社会环境的考察,而且这些理论也认为,社会主体能否转变为具有自主性的个体,环境因素在其中发挥着重要作用。实际上,社会变迁带来的不仅仅是社会学理论的改良,还会是整个社会学学科的革新。伯曼此前的回应早已为这场革新指明了方向,那就是要关注个体的日常生活、生存状态和生命历程,因为只有个体才能产生个体行为。如果社会学界意识到这一点,那么就必然会认同英国传记派学者所提出的"传记取向"(tournant biographique)理论,[1]并把访谈当作首选的社会学研究方法,而不再把它视为可有可无的辅助调查手段。在第四章,我们便要对个体社会学所使用的研究方法加以说明,从而在尊重个体独特性的基础上,把个体与个体所处的社会环境和社会

---

[1] 麦克·鲁斯汀(Michael Rustin):《关于社会科学研究中传记取向的思考》(*Réflexions sur le tournant biographique dans les sciences sociales*),载于伊莎贝尔·阿斯特勒(Isabelle Astler)、尼古拉·杜沃(Nicolas Duvoux)编:《传记社会:必须有尊严地活着》(*La société biographique : une injonction à vivre dignement*),巴黎:拉尔马丹出版社,2006年,第33—53页;张伯伦·P.(P. Chamberlayne)、博纳特·J.(J. Bornat)、温格拉夫·T.(T. Wengraf)编:《社会科学研究中传记方法的转向》(*The Turn to Biographical Methods in Social Science*),伦敦:劳特利奇出版社,2000年。

关系联系起来进行综合分析。最后在第五章,我们将关注一下个体社会学的现实维度,它涉及与个体化进程相关的问题,这也是在公共事务与社会学研究领域引发激烈争论的一个话题。本章旨在阐释当前社会普遍存在的个体化现象如何推进权力关系的转向(这里包括与自我、身体、意愿和自主权有关的权力关系),以及学者们的研究视角如何借此发生改变。可以预见的是,未来的社会学必须以前所未有的开放心态接纳(或者至少是包容)自由主义的价值理念,甚至是自由至上的虔诚信仰。

第一章　个体社会学的演进

第一节　现代性与个体

社会学的诞生是很久以前的事了。如何讲述这门学科的缘起与发展，不同人有不同的思路。一部分学者喜欢追本溯源，生怕遗漏了任何一位先辈的著述。然而他们却常把一些对社会的一般性思考当作业已成熟的社会学理论。另一部分学者则倾向于回到19世纪末，从诸多圣贤革故鼎新的尝试中找寻社会学的发端。实际上，这门学科的产生来自于人们对法国大革命及其负面影响的忧虑。在整个19世纪，以弗雷德里克·勒布雷（Frédéric Le Play）为代表的保守派社会学者企图恢复建立在传统权威、等级观念和家族势力之上的旧社会体制。他们也颇为忌惮启蒙运动所倡导的个体自由，认为这会导致社会动乱与失序。相反，革新派却不畏阻挠地向保守派发起挑战，他们指出，在一定条件下构建一种全新的社会体制是可行的。而如何界定这些"条件"便成为了他们论证的核心。但在论证的过程中，这些学者又陷入了两难：一方面，他们主张把个体主义摆在一切价值的首位；另一方面，他们又试图给个体主义圈定一个范围。

1. 涂尔干的"抽象"个体主义

若要对社会学的悠久历史加以概述，那就不能忽略个体诞生的本末源流。通常认为，涂尔干倾向于"整体主义"而反对个体主义，然而这种长期以来形成的理解是极为错误的。事实上，翻开1898年的《蓝皮评论》便会发现其中刊登有涂尔干的《个体主义与知识分子》[①]一文。在当时，德雷福斯事件[②]正在发酵。而涂尔干恰恰站在支持德雷福斯的一方。这是因为，在他看来这一方的支持者能够"理智地思考，而非独断地裁决"。他们伸张正义的行动源于对"个体权利神圣不可侵犯的认知。由此，个体主义的信仰使整个社会分裂为两个阵营"。涂尔干便是该信仰的维护者，应该说，至少他有个体主义的倾向。不仅如此，他甚至相信这样一种理念"已成为

---

① 埃米尔·涂尔干（Émile Durkheim）："个体主义与知识分子"（L'individualisme et les intellectuels），载于《蓝皮评论》（Revue Bleue），1898年，收录于埃米尔·涂尔干：《社会科学与行动》（La Science sociale et l'action），巴黎：法国大学出版社，1970年，第261—278页。

② 1894年，法国陆军参谋部犹太籍的上尉军官德雷福斯（Dreyfus）被诬陷犯有叛国罪，受到革职并终身流放的处分，法国右翼势力乘机掀起反犹浪潮。然而此后不久却真相大白，德雷福斯并没有做出任何危害国家的行为，但法国政府坚持不愿承认错误，直至1906年这位被冤枉的军官才被判无罪。——译者

当今社会基本的道德教理"。这里,他使用"教理"一词并非临时起意,而是将个体主义比作一种宗教,"这种宗教既是人们尊崇的信条,也是使人们尊崇自我的信仰"。该主张打破了个人与社会相互对立的传统认知,同时表明,"对个体的信仰就是社会制度本身,也正是社会制度给予了个体这样的信仰"。从这一点来看,个体社会学有别于微观社会学,因为它坚信个体不仅能够推动社会规范与法律的形成,还是整个社会变迁的映射。

在同一篇文章中,涂尔干还区分了两种类型的个体主义。他认为,消极的个体主义(他更倾向于使用"自私"一词)代表着一种对自我的标榜,积极的个体主义则是从人性和理性的角度出发对他人的尊重。如果一个人"能够怀着崇敬之心来践行这种尊重,那么他就是仁爱之人"。"个体主义的信仰是对他人和自我两方的关爱,这种信仰所指向的并不是特定身份、特定名号的个体,而是全体人类本身。"另外,涂尔干还讲道:

> 个体主义,正如其字面意思所表达的,是对广义"个体",而不是对狭义"自我"的宣扬。它所赞颂的不是自私自利的算计,而是对他人的感同身受和悲天悯人的心肠,以及与人类一切苦难抗争的热情和对正义的强烈渴求。

他用"抽象"①一词来形容积极的个体主义:

> 我相信,只要某种行为动机是源于"抽象"意义上的优秀品格,而不是出于特定情境中的利己反应,那么这种行为便是理性的。

对涂尔干来说,现代社会应该维护一种至高无上的权威,这种权威不再是对神祇或国王的敬畏,而是对"理性"的共同信奉。所以,即使在一个崇尚个体主义的社会中,人们也要顾及集体。不过,现实往往并非如此。有己无人的"个人膨胀"十分普遍,这些人没有遵从理性的指引,而是被自身无穷无尽的欲望所俘获。而理想的个体应该生活在社会的约束下,遵守既定的规约,培养自律的行为,消除自私的念头。在《自杀论》(*Le Suicide*,1897)中,涂尔干便秉持这一观点,将个体的缺失与社会制约力的不足一同视为流弊。

但在当时,他的观点却受到了乔治·帕朗特的抨击。后者在《社会学精解》(*Précis de sociologie*,1903)和《个体主义感知》②(*La Sensibilité individualiste*,1909)中指出:涂尔干所说的个体主义并非真正的个体主义,一是因为人类社会从

---

① 弗朗索瓦·德·桑格利:《个体主义是一种人道主义》(*L'individualisme est un humanisme*),拉图代格:黎明出版社,2005年。

② 再版于乔治·帕朗特(Georges Palante):《哲学名篇》(*Œuvres philosophiques*),巴黎:科达出版社,2004年。

来不缺乏理性，二是因为在个体主义的诸多表现形式中，与"抽象"个体主义相对的也不只有自私自利的本性。在帕朗特①（他提交给索邦大学的博士论文也曾被涂尔干学派的社会学家西莱斯汀·布格勒［Célestin Bouglé］退回）看来，个体应大胆地挣脱社会规范对他们的限制与束缚。同时，面对过度社会化所营造的压抑生活，个体也必须起身"反抗"（阿尔贝·加缪在《反抗者》中借用了这个词），这样才能保持鲜活的生命力而"远离那些陈规旧俗"。②之所以个体能够摆脱束缚，正是因为社会化本身其实具有一定的开放性："推翻过去的信条，这是每个人都拥有的自由"。也就是说，个体有权力"用主观的方式构建自我"。③可见，在涂尔干那里，现代西方社会所缺失的秩序，即失范，会造成个体的痛苦；而对帕朗特而言，情况恰恰相反，"正是社会规范的重压"④才使得人们愁闷不堪。应该说，帕朗特并不是在鼓吹自私自利，他实际上应被视为一个"自由主义"的卫士。但可惜的是，与涂尔干的

---

① 多米尼克·德彭内（Dominique Depenne）："乔治·帕朗特与埃米尔·涂尔干的争论：个体主义与社会学"，载于菲利普·柯尔库夫（Philippe Corcuff）、克里斯蒂安·勒巴尔（Christian Le Bart）、弗朗索瓦·德·桑格利编：《今日个体》(*L'individu aujourd'hui*)，雷恩：雷恩大学出版社，2010年，第49—65页。
② 乔治·帕朗特："为个体而战"(Combat pour l'individu)，载于《哲学名篇》。
③ 帕朗特受到"包法利夫人"的启发，将这种主观幻想而成的自我称为"包法利式的自我"。
④ 斯蒂芬·博（Stéphane Beau）："乔治·帕朗特：被遗忘的个体社会学先驱"(Georges Palante : un précurseur oublié de la sociologie de l'individu)，见于 https://www.catallaxia.org/wiki/Georges_Palante:Un_pr%C3%A9curseur_oubli%C3%A9_de_la_sociologie_de_l%27individu。

理论相比,他的思想充满着诸多的矛盾与冲突,正是出于这个原因,才未能取代涂尔干而得到社会科学界的广泛认可。

2. 滕尼斯的"共同体与社会"

个体社会学诞生于一种历史性的社会变革。如果要对这种社会变革加以描述,那就是个体对社会的依赖度大大降低,但同时他们在社会中的存在感却有所提升。1887 年,斐迪南·滕尼斯在其著作《共同体与社会》[1]中对集体与个体之间的关系变化进行过详尽的阐述。在"共同体"中,个体首先是集体的一员,并仰仗集体而生存。但在"社会"中,二者关系的性质便有所改变。家庭就是"共同体"中的一类,它是建立在血缘关系之上的一种社会性联结,一方面出生环境是个人无法选择的,而另一方面原生家庭也常常对个体的意愿视若无睹。同时,"血缘'共同体'作为一种集体生活单位也会发展为地缘'共同体'"(第 56 页):比如与亲属、邻里、村民之间形成的圈子。于是,这些盘根错节的关系,或者说它们所构建的人际网络,就会形成另一个层级的"共同体"。在那里,人与人之间的关系以上行下效和权威统治为主。个体的才干并没有太多的用武之地。另外,在等级制度的框架下,每个人在以集体生活为中心的"共同体"内部都有一定的位

---

[1] 斐迪南·滕尼斯(Ferdinand Tönnies):《共同体与社会:纯粹社会学的基本概念》(*Communauté et société. Catégories fondamentales de la sociologie pure*),巴黎:雷兹出版社,1977 年(1887 年第一版)。

次。而所有人共同秉持的习惯、风俗、记忆又会进一步强化这种群体性的关系。

"社会"是与"共同体"相反的理想架构。人们在"社会"中"不是有机地联结,而是有机地分离;'共同体'与'社会'的区别就在于,前者在成员组织上貌合神离,后者却是貌离神合"(第82页)。现代社会之所以在"社会"的架构下滋生出诸多问题,就是因为其成员首先是独立的个体,而后才自愿或被动地组合在一起。可见,在一个高度统一的"共同体"中,个体从出生之日起便从属于某个集体,其社会关系自始至终一成不变。相比之下,在"社会"中,由于"人人为己、互争雄长"(第82页),因此长久且和谐的关系不易建立。

法律史学家亨利·梅因(Henry Maine)曾言,高度整合的传统社会即将衰落。而滕尼斯又借用他的话说道:

> 个体逐渐取代家庭,成为民法实施的基本单位……不难发现,原本在家庭里才有的权利与义务关系如今慢慢出现在人与人之间的交往中:只是这种交往必须建立在契约的基础上。在我们回溯以往的社会形态时就会发现,那时所有人的交际范围都脱不开其家族关系,那么今天我们似乎有所进步,正向着一种由个体间自发协商形成的社会新秩序迈进……因此,如果"身份"一词仅仅用来解释这种个体间的关系,而无法表述协商所产生的直接或

间接的联结，那我们便可以说，由"身份"社会到"契约"社会的变迁过程就是一条从古至今的发展路径。（第 220—221 页）

与"共同体"不同，在"社会"中的个体身份并不是由个体所属的群体来界定的。更确切地说，在理想的状态下，个体对最高权威（以父权、王权、神权为代表）的依赖性较弱。但同时，个体前所未有的独立和解放又令许多社会学家甚至革新派的社会学者忧虑不已。实际上，"共同体"中的成员各尽其职、各有其位，对所属群体也奉命唯谨，因而能够形成较为稳固的集团；然而在由个体组成的"社会"中，人们能够更加自由地建立契约关系和互动网络。所以，涂尔干在家庭社会学的最后一课中阐释道："我们之所以依恋家庭，是因为我们离不开自己的父亲、母亲、妻子、儿女。"[①]这意味着"自我的需要"胜过一切，也意味着失范将由此而生，所以涂尔干备感担忧。

有许多实例可以用来描述"共同体"逐渐演化为"社会"的过程。在《宗教生活的基本形式》[②]中，涂尔干便对悼念行为、赎罪仪式、未亡人和葬礼的内涵进行过分析。在"前现

[①] 埃米尔·涂尔干："婚姻家庭"（La famille conjugale），载于《哲学杂志》（Revue Philosophique），1921 年，收录于埃米尔·涂尔干：《论文集 3》（Textes Ⅲ），巴黎：子夜出版社，1975 年，第 35—49 页。

[②] 埃米尔·涂尔干：《宗教生活的基本形式》（Les Formes élémentaires de la vie religieuse），巴黎：法国大学出版社，1968 年（1912 年第一版）。

代"社会(当时的用语)的丧葬习俗中:

> 葬礼不是一个让个体充分表达情感的场所。亲属的哭泣、悲伤,乃至不能自已,都不完全是出于他们对亡者由衷的怀念……最常见的情况是,诚挚的情感往往与仪式参与者所执行的流程毫无关系……所以,葬礼并不是个体为了表达对逝去亲人的感念而产生的自发行动;它其实是群体强制力下的一种必尽的义务。(第568页)

个体借助参与这些仪式,重塑并向外界展现群体的凝聚力。如此一来,成员逝去而造成的集体损失便被弱化了:"一个不为亡者悲恸的家族既不具备同理心,也不具有向心力……这是绝不允许的。"通常,群体力量会因成员的离去而削弱,在这种情况下就必须通过强制性的仪式来修补,"因为共同的悲伤与哭泣象征着成员间的风雨同舟、患难与共,也标示着集体的坚忍不拔、百折不摧"(第574页)。最为关键的是,成员的群体归属感还能借此得到强化。对于每个人而言,这些仪式可以使他们感到自身的渺小。同时也"为他们营造出一种集体性的生存环境,较之于仅凭一己之力自生自灭的独立生活方式,这种集体性的生存环境显然更加踏实"(第592页)。

在"共同体"中,悼念仪式的作用不在于将个人的悲伤溢于言表,而在于通过每位成员向逝者表达缅怀之情来维护群体的团结。如今,像佩戴黑色丝带这样的葬礼习俗已不多见,但这并不代表现代社会不再重视悼念仪式,只是人们开始将悲伤当作私事来看待而已。亲密伴侣的亡逝更多地象征了二人关系的解体,而不再涉及群体延续的问题。由此,葬礼开始变得越发私域化。

以上阐述包含着一个悖论:一方面"社会"中的个体比"共同体"中的个体拥有更多的自由,但另一方面"社会"中的个体也更容易因为无穷的欲望而感到苦闷。显而易见,一些革新派的社会学者对"共同体"时代颇为怀念(涂尔干及其同道就是如此)。他们期盼构建一个既能使个体得到解放,又能保有"共同体"特质的"社会"。

3. 齐美尔的双重个体主义

格奥尔格·齐美尔与涂尔干同龄,但他提出的个体主义理论却较少带有二元论的色彩。虽然齐美尔也将"个体主义"划分为两类,但他并未对二者进行价值观上的评判。这两类"个体主义"分别是"独立个体观"与"差异个体观"。"独立个体观"可以等同于涂尔干的"抽象"个体主义,即突出个体的解放。换句话说就是,个体不再被先验地当成既定群体的一员。而"差异个体观"则意味着所有人都试图塑造一个与众不同的自己:"人们所寻求的不再是不同个体间的'共性',而是不随大流的独特性与异质

性。"(第252页)①

齐美尔认为,这两类"个体主义"可与两种文化源流联系起来。"独立个体观"来自于"拉丁"文化中的个体主义;而"差异个体观"则起始于"日耳曼"文化中的个体主义。虽然不同民族和文化对此早有不同的解读(参见第二章),但必须承认,蒙田的《随笔集》才是最先发现个体、关注个体的著述之一。正如查尔斯·泰勒所说,蒙田"以实现自我认知为目的,开创了自我剖析的先河",②因为他"在三省其身之时,自觉内在秉性之固"(泰勒引述蒙田原文)。③ 这种自我认知是出于对内心世界的珍视:"他者皆窥人,吾却独内省……众人惟瞻前,吾但自察之。"(泰勒引述蒙田原文,第238页)④每个个体都具有独一无二的天性,他对此坚信不疑:"吾自行重申此古箴:道法自然……吾异于苏格拉底,不以理性之力正吾性之缺,不以人为之心乱吾行之癖。"(泰勒引述蒙田原文,第236页)⑤

不知是什么原因,涂尔干并没有觉察到个体的自反性,却只为之冠上了"自私自利"的名号。毫无疑问,之所以他会有这样的疏漏,是因为当时的一部分学者往往认为个体对个人利益的维

---

① 格奥尔格·齐美:《大都市与精神生活》(*Les grandes villes et la vie de l'esprit*),1903年,转载于《现代性哲学》(*Philosophie de la modernité*),巴黎:佩尤出版社,1989年,第233—252页。
② 查尔斯·泰勒(Charles Taylor):《自我的本源》(*Les Sources du moi*),巴黎:色伊出版社,1998年(1989年第一版)。
③ 原文引自蒙田:《随笔集》第3卷第二章"论后悔"。——译者
④ 原文引自蒙田:《随笔集》第2卷第十七章"论自命不凡"。——译者
⑤ 原文引自蒙田:《随笔集》第3卷第十二章"论相貌"。——译者

护与理性思维互不相容。所以,兹夫·斯特恩海尔才在《反启蒙运动》①一书中引用了哲学家赫尔德(歌德年轻时的导师)的观点,②同时查尔斯·泰勒也将后者的思想视为"自我的本源"(sources du moi)而反复运用在自己的著述中。不过,涂尔干却青睐"理性",并厌恶人们那种发自内心、不受控制且源于本性的激情,所以在他眼中,理性与感性便成为了一对天敌。不过,齐美尔并不想把两类"个体主义"对立起来。

他意在把这两种互补又对立的"个体观"进行糅合:

> 欧洲人的价值理念中就包含着个体观念,无论是拉丁民族还是日耳曼民族都用这种观念来协调自我与社会的关系,但同时,这两个民族也因此构建了两种不同的协调模式。(第290页)

齐美尔还将歌德奉为"个体"的典范。在他看来,这位作家在追求独创性的同时,也逐渐将"抽象"个体主义纳入作品,使每个人物在身份构建的过程中都受到"超个体"(supra singulier)因素的影响。"在歌德的人生中和作品中就饱含着

---

① 兹夫·斯特恩海尔(Zeev Sternhell):《反启蒙运动》(*Les Anti-Lumières*),巴黎:色伊出版社,2006年。
② 启蒙运动时期的思想家认为,历史是线性演进的,此前欧洲所经历的中世纪属于"野蛮时代"。而赫尔德(Herder)反对这种观点,他相信在历史发展的过程中有进步也有倒退,但总的趋势是向着展现人性的方向前进的。——译者

个体主义理念……该理念源自于心性。不过,这种心性必须具备一部分普适价值,或者说,某些普适价值已内化于心性之中。"在展开论述前,齐美尔便先将个体性与普适性这对矛盾摆上了台面,他试图在此后的分析中探索二者相互协调的方式。而在协调过程中显现的冲突则恰恰能够浓缩一个人的生命旅程。

以上综述看似复杂,但读者在本书随后的章节中就会发现,两类个体主义之间的张力问题实际上贯穿了整个当代社会学的发展历程。比如说,"抽象"个体主义与反歧视的抗争运动密切相关,这些运动旨在提升个人价值的同时,摆脱某种社会身份对个体的禁锢(性别身份、种族身份、性取向等);而"独立"个体主义则关乎个体化过程的运行机制,该机制在社会维度上制定规则,以期形成个体对自我身份的独立认知。然而,人们往往不会把以平权为目标的所有抗争行为看作个体主义理念的一种群体性表达,所以就像过去一样,如今对这些抗争行为的误解依然普遍存在。即便如此,无论是过去还是现在,女性主义者一直在大声疾呼:一方面,要让广大妇女拥有自我与身体的掌控权,另一方面,也应使她们从家族身份(如"某人的女儿"或"某人的妻子")的束缚中解放出来,拥有独立自主的人生。个体只有在以人为本且被一视同仁(即"抽象"个体主义)的客观环境中,才能成为真正的人(即"独立"个体主义)。

4. 个体主义的社会起源

对涂尔干和齐美尔而言，如果说个体主义理念来源于某些哲学性的思考，那么随着社会的变迁，它必定会变成一种"现代性的宗教"(la religion de la modernité)。

4.1 社会分工的扩大

涂尔干在《社会分工论》[1]中描述了两类相互矛盾的现象。在分工极其细化的社会中，成员对彼此的依赖程度会越来越强，但同时他们的个性化差异也会越发明显："一方面，随着分工的逐渐精细，人们将更加需要彼此；另一方面，随着工作内容的逐步分割，每个人的专业化程度也将提升。"（第101页）在这种社会中，成员之间的紧密联结被称为"有机团结"，这是现代社会和个体主义社会的象征。它与代表"共同体"（借用滕尼斯的术语）的"机械团结"不同。后者是一种分工程度低的"团结"形式，它往往会阻碍个体化进程的开展："社会越原始，作为成员间的相似度就越高。"（第103页）因此，薄弱的个体主义理念与高度的社会同质性息息相关："在这种情况下，个体意识只是集体意识的附庸和集体行动的随从。"（第100页）而另一方面涂尔干又认为，在"有机团结"构成的社

---

[1] 埃米尔·涂尔干：《社会分工论》(*De la division du travail social*)，巴黎：法国大学出版社，1967年（1893年第一版）。

会中,个体之间虽有更多的接触,但也呈现出更多的差异。就此而言,城市最重要的作用便是加强了物质基础和精神文化的聚合程度,加之多元化的交流手段,人们就能"保持一种长久、密切和迅捷的互动关系"(第239页)。

4.2 社交圈数量的剧增

齐美尔在对个体主义理念进行分析时,进一步提出了他的另一个论点:个体主义的萌生来自于个体不断扩张的社交圈。在"共同体"中,个体间的联结十分紧密,以至每个人都会与其所属的群体同呼吸、共命运。对群体中任何一位成员的冒犯就等于对整个群体的攻击,必会一石激起千层浪。同时,每位成员也都是所属群体的代表集体荣誉感就是这种"共同体"的产物。但在"社会"中,个体归属于多种多样的社交圈,①这些圈子之间往往并没有交集。"当一个人能够来往穿梭于多个社交圈,且不再受单一群体(齐美尔在这里特别强调了"单一"一词)的束缚时",其社会属性便发生了改变:"在由不同喜好的个体集结而成的各类群体中,群体间的差异越大,异质性越明显,个体在群体中的归属感就会越强烈",自我意识也会越突出。② 而社交圈的数量必须具有"一

---

① 这里使用"社交圈"一词旨在扩展"群体"的内涵,同时也将非正式团体和易变群体(如一起玩耍的小伙伴)包含在内。

② 格奥尔格·齐美尔:《社会学》(*Sociologie*),巴黎:法国大学出版社,1999年,第417页(1908年第一版)。

定规模"……这样"个体才易于找到一个可以满足其喜好和需求的团体"。"由此,不同社交圈在不同情境下的组合便成为了个体独特性的根本保障。"①

不同的社会关系使个体分化出不同面向,而多样化的社交圈也能使个体拥有自我发展的空间。"群体成员通过不断拓展新圈子来增加社会交往的多变性,同时个体的独立性和对自身独特性的感知也随之强化。"②在齐美尔看来,这种个体独特性的塑造一方面有赖于一些外部条件(比如个体从属于互不往来的多个社交圈),另一方面也源于个体内心的愿望和个人的努力。

齐美尔在19世纪末提出的个体化理论,一百年之后才引发了社会学界的关注。而针对他所说的多重社交圈的问题,"可以说,个体自身的面向越复杂多元……这些不同面向之间的独立性就越强"(第221页)。所以,个体本身的多元角色就代表着个体化进程的第一层涵义。而个体化进程的第二层涵义则在于各个角色之间的冲突,也就是"个体在对自我

---

① 伯纳德·拉伊尔(Bernard Lahire)的"常规行为理论"、弗朗索瓦·杜贝的(François Dubet)"经验理论"以及弗朗索瓦·德·桑格利的"身份理论",都或多或少地借鉴了齐美尔的这一观点,即认为个体的独特性来源于所属群体的多样化(参见第三章)。

② 格奥尔格·齐美尔:"社会分化"(La différenciation sociale),《国际社会学杂志》(Revue internationale de sociologie),1894年,收录于格奥尔格·齐美尔,《社会学与方法论》(Sociologie et épistémologie),巴黎:法国大学出版社,1981年,第207—222页。

进行解构之后,从不同角色中辨识自我的真实身份"。① 个体的塑造是一个"多重面向之间相互博弈的过程"(第138页)。事实上,尽管从客观上来看个体归属于若干个群体,但他并不是这些群体角色简单相加的总和。"对自身完整性和统一性的追求"(同上)遏制了角色之间的分裂与隔离。因此,个体的形塑过程不仅仅是在不同群体中构建各种身份角色,更重要的还有将自身努力打造成为一个"自我完善的统一体"(同上)。

然而,现代生活并不总会促成个体性的发展,相反的情况其实比比皆是。以货币交换为主导的"都市生活"便是齐美尔列举的反例:"金钱代表着上下一致的社会关系和共同认可的交换价值,它将所有品性与特质简化为一串数字。"②在这种情况下,理性的个体会忽略一切个性化表征,"只为了获取实际的好处和可量化的利益"而把他人当成"数字符号或标准化的零部件"(第236页)。货币交换者对人性的漠视滋生出一种"冷酷的现实观"(objectivité impitoyable)(第237页)。在大都市熙来攘往的人群中,这种"现实观"更为盛行。人们擦肩而过,又互不理睬,彼此之间保持着"必要的距离"(第242页)。不过,这种环境中的匿名化和非人化,

---

① 格奥尔格·齐美尔:《18与19世纪存在性构想中的个体与社会》(*L'individu et la société dans certaines conceptions de l'existence du XVIIIe et XIXe siècle*),1971年,收录于格奥尔格·齐美尔:《社会学与方法论》,巴黎:法国大学出版社,1981年,第137—160页。

② 格奥尔格·齐美尔:《大都市与精神生活》,1903年,收录于格奥尔格·齐美尔:《现代性哲学》,巴黎:佩尤出版社,1989年,第233—277页。

以及"封闭性和相互间的漠视"(第245页)却能使个体感受到自由,哪怕他处在一个过于闭塞的社会网络之中也不会觉得拘束。此外,为了"保留人性化的一面",尤其在穿衣打扮上,个体还必须尽可能地展示自己的"特立独行和与众不同",并"让他人,甚至自己本人,接纳这些特质"(第251页)。由此,齐美尔认为,大都市是现代性的一种体现。一方面,像职业分工这样的社会体系提升了个体的独立性,强化了个体的独特性;另一方面,都市生活也增加了匿名化的人际交往,同时部分地弱化了"共同体"式的紧密联结。

第二节 制度框架下的个体

如果以上对齐美尔理论的梳理会让人以为社会学随即将会朝个体化的方向发展,那就大错特错了。实际上,第一次世界大战过后,这位社会学巨匠便几乎被世人遗忘,而他的作品在法国社会学界更是销声匿迹。直到1989年,齐美尔的《现代性哲学》和其中与个体主义理论相关的篇章才在法国出版。之所以我们对齐美尔如此轻慢,恐怕是因为现代性的发展进程并不具有连贯性。通常学界将该进程分为两个阶段、两个时期。① 从19世纪末到20世纪60年代末属于第一阶段,此后则为第二阶段。现代性发展过程中经历的这两

---

① 主要参阅乌尔里希·贝克(Ulrich Beck):《风险社会》(*La société du risque*),巴黎:奥比出版社,2001年(1986年第一版)。

个阶段至少可通过三个特征进行区分：第一个特征指，信仰是否在现代化过程中逐步走向衰弱；第二个特征指，组织制度是否具有不稳定性；第三个特征指，社会是否开始重视个体的独特性。其中的第三个特征，即个体与个体之间的差异，在现代性发展的第二阶段才开始有学者加以关注。如果现代性理论的演进遵循着特定的脉络，那么只有在社会进步与理论更新相互契合时，社会学的新观点才能与客观实际相互印证。所以，与齐美尔相比，涂尔干的抽象个体主义思想与理性至上的观点更加吻合第一阶段的现代性特征。但在现代性发展的第二阶段，抽象个体主义的解释力便开始减弱，尤其在有关个体身份诉求的问题上更是束手无策，于是齐美尔的理论再次受到关注。

1. 制度的延续

让我们再次回到现代性的第一阶段上来，看看西方社会在这个阶段如何固执地反对将个体主义理念付诸实际。就这个问题而言，涂尔干的观点在当时无疑具有代表性。他对婚姻制度和离婚现象的态度恰恰反映出他对个体地位的不置可否。在《自杀论》中，涂尔干试图证明婚姻制度可以降低男性和女性的自杀风险，因为他认为该制度能够疏导不良的情绪并缓和鲁莽的冲动。在诸多论据的支持下，[①]他将协议

---

① 但该结论缺乏女性例证。

离婚制度当成了批判的对象。① 这个在法国大革命时期确立的制度一再受到涂尔干的指责,而他的依据仅仅是"老规矩的存在必有它的道理"。由此,他提出了一个折中的解决方案:可以允许人们自由结婚,但不许人们自由离婚。首先我们能够肯定的是,他支持自由恋爱。从这个角度来讲,婚姻就是一种符合"社会"规则的契约。而且,它会随着下一代的诞生逐渐制度化,也就是说,从此夫妻二人将变成"家庭事务的承担者"(fonctionnaires domestiques)。他们不能再追求个人的喜好,而必须为了全家的利益无私地奉献。在涂尔干看来,提出离婚(除了极其严重的原因之外)在某种程度上就是自私自利的表现,并且它也将是婚姻双方痛苦的开端。面对现代性所带来的矛盾冲突,他构思出的这样一种半契约化、半制度化的婚姻形态体现了当时学界存在的某些不切实际的想法:妄图建立一个具有"共同体"特征的"社会"。

当然,个体在有稳定归属的情况下往往生活得更好,也会感到更加幸福。在一场关于"和平主义与爱国主义"②的论争中,涂尔干站在了"爱国主义"的一方。他强调:"既然我们

---

① 埃米尔·涂尔干:"协议离婚"(Le divorce par consentement mutuel),《蓝皮评论》,1906年,收录于埃米尔·涂尔干:《论文集2》(*Textes II*),巴黎:子夜出版社,1975年,第181—194页。

② 埃米尔·涂尔干:"和平主义和爱国主义"(Pacifisme et patriotisme),"哲学中的法国社会"会议(Séance de la Société Française de Philosophie)发言稿,1907年,收录于埃米尔·涂尔干:《社会科学与行动》(*La Science sociale et l'action*),巴黎:法国大学出版社,1987年,第293—300页。

能够不在乎家庭的好坏而全身心地热爱它,为何就不能如此这般对待我们的祖国?"他继续讲道:"如果只有在有利可图的时候才热爱自己的祖国,那绝不值得称颂;我们应该从精神层面、不求回报地珍重法兰西的文化。"(第 300 页)涂尔干极力主张,将抽象个体主义中的理性特质移植到对"共同体"的忠诚上来。他认为,爱国是理性选择的外在表现,而不是感情用事或薪火相传的结果。民族国家可以看作一个由个体构成、符合个体需要的"共同体"。可惜 1914—1918 年的战争令法德两国相互仇视,涂尔干又在此期间经历了丧子之痛,于是他从理智和情感上都意识到这种"抽象"个体主义将难以付诸现实。

20 世纪末,当一些社会学家建议将现代性划分为两个阶段的时候,彼得·瓦格纳则开始重新审视现代性的特征。他尝试用全新的"叙事方式"对这些特征进行描述,①并从对概念的界定入手,构建出一套自己的理论体系。在瓦格纳看来,启蒙运动所带来的思想变革使人们焦虑不已,而第一现代性(la première modernité)所设立和制定的一系列新规则就是为了缓解这种焦虑。

可以说,"社会"的构建引发了不确定性的滋生。为了降低这种不确定性并防止混乱局面的出现,在现代性发展的第

---

① 彼得·瓦格纳(Peter Wagner):《自由与纪律:现代性的双重危机》(*Liberté et discipline. Les deux crises de la modernité*),巴黎:梅达里耶出版社,1996 年(1994 年第一版)。

一阶段便出现了各种规则。其中,最重要的规则之一便是"民族国家"的确立。国家意识的形成恰恰与传统人际关系的解体同步进行。在整个 19 世纪,为保证权力体系的合法性,各个民族都在编造自己的历史。① 在这个新型的"共同体"中,社会阶层随即产生。民族国家与社会阶层是"两个想象和虚幻的共同体,它们在现代化的进程中并行共生、唇齿相依"(彼得·瓦格纳引用迈克尔·曼[Michael Mann]的语句,第 93 页)。除了这两个既具有共同体属性又脱离了传统体制的元素之外,还应将(彼得·瓦格纳忽略的)性别一并纳入规则制定的范畴。刚好是在现代性的第一阶段,人们逐渐对男女差异形成了一种理论化的认知:男性对应着理性思维与公域空间,女性对应着感性情绪与私域空间。② 这样一来,虽然个体不再深受家族、王权和教会制度的约束,但他们仍将归属于民族、社会(意指阶层)和性别等全新的社会性族群。

2. 学校中的社会化

除此之外,人们还常用签订各类协议、为实施代议制民主而成立群众性政党、建构福利国家等手段来减少社会生活

---

① 帕特里克·J. 吉瑞(Patrick J. Geary):《当民族重写历史时:对欧洲中世纪起源的捏造》(*Quand les nations refont l'Histoire. L'invention des origines médiévales de l'Europe*),巴黎:奥比出版社,2004 年。

② 吉娜维芙·弗莱斯(Geneviève Fraisse):《双重管辖:家庭与城区》(*Les Deux gouvernements: la famille et la cité*),巴黎:伽利玛出版社,弗利欧版,2000 年。

的不确定性。实际上,这第三种手段就相当于"大规模的集体化",即"把所有社会成员归类到以年龄、职业、家庭情况、健康程度为划分标准的群体中"(彼得·瓦格纳,第 159 页)。于是,个体只有在接受这种制度安排的前提下才能享受福利保障,对于工薪阶层而言更是如此。

为了确保个体能够在现代社会中切实履行义务,国家还必须借助某些措施帮助他们实现社会化。弗朗索瓦·杜贝在《制度的衰落》①一书中便用"制度性规划"(programme institutionnel)一词来描述这种特定的社会化。他指出,"特殊类型的社会化就是一种对他人实施改造的专业行政方式"(第 24 页)。国立学校恰恰是这项工作的执行者,它"将儿童纳入体制,并全面改造他们的天性"。② 自从步入这座"知识殿堂",进入这套不受外界干扰的国家教育体系,孩子们就必须换上统一的校服,舍弃从前常用的方言,丢掉原有的家世背景和宗教信仰。在教师的干预下,他们将逐渐摆脱野蛮的性情,学习如何理性思考。其实,国立学校的诸多特征都与教会十分相像,这并不奇怪,因为当时的制度要求人们挖掘内心深处符合宗教情怀的社会性品德,即一颗"永远保持且面向大众"的仁爱之心:

---

① 弗朗索瓦·杜贝:《制度的衰落》(Le Déclin de l'institution),巴黎:色伊出版社,2002 年。
② 埃米尔·涂尔干:《法国教育思想的演进》(L'Évolution pédagogique en France),巴黎:法国大学出版社,1969 年(1938 第一版)。

由于我们每个人都具有仁爱的一面,因此在个体意识中都会具有某种在他人看来神圣不可侵犯的宗教情怀。这正是个体主义的全部内涵,也是个体主义必然会成为行动准则的原因。

倘若个体"能够带着这种宗教般的情怀尊重彼此,那么他们就是仁爱之人。不过这种仁爱之心是崇高且神圣的,并非人人都能拥有这样的道德品质"。①

换句话说,让个体拥有仁爱之心是需要前提的。他首先要学习规矩,并接受(涂尔干意在构建的②)道德教育,由此来逐渐培养自控力,从而达到自觉遵守普适价值的目的。在涂尔干看来,"自由像一台精密的仪器,我们必须学习怎样掌控它,也必须让我们的孩子不断地用它来演练;这应是所有道德教育的导向"。③

而学校教育恰恰在规范个体行为的过程中发挥着关键的作用。它的任务就是让孩子将社会准则内化于心,从而使他们在长大成人后既可以独立自主地生活,又能够通过这种社会化的学习遵循集体的价值理念。在现代性的第一阶段,只有借助教化引导,特别是以道德教育为主的强制性社会

---

① 埃米尔·涂尔干:"个体主义与知识分子"。
② 埃米尔·涂尔干:《道德教育》(*L'Éducation morale*),巴黎:法国大学出版社,1963 年(1902—1903 年课程讲义)。
③ 埃米尔·涂尔干:"个体主义与知识分子"。

化，个体才可能打造成形。针对个体为何需要融入社会这一问题，涂尔干曾在索邦大学的课堂上做过如下解释：

> 只有学会休戚与共、同心同德，才能习惯集体生活，并依赖集体生活。对于孤僻的人来说，社会交往犹如沉重的枷锁，必须通过学习才会逐渐改善这种情况。因此要让他们在日常生活中体会到独处的单调乏味，以及社会交往所带来的乐趣。

在现代性的第一阶段，以上这些对个体的约束并不会妨碍个体化的进程。实际上，举贤择优的制度本身就能够拉大人与人之间的差异。再加上共和体制下的学校还倡导思想的解放，这就进一步推动了个体的形成：

> 社会机器的运转对于个体而言过于生硬粗拙，因此需要用多样化的自由来润滑，只有这样的社会才能调动所有资源使每个人都可以顺遂地实现自我发展，并把"适才适用"那句老话变为现实。①

在学校（至少是理想中的学校），孩子们的宗教信仰、家庭

---

① 埃米尔·涂尔干："个体主义与知识分子"。

出身、籍贯故里、以往经历,从理论上来讲都不再是评判他们身份的标准。不过这种差异的消除并不意味着"千人一面",而是要倡导"各有所长""各从其志"。这一理念造就了国家精英主义,也代表了奥兰普·德·古热在1791年的《女性与公民权利宣言》①中阐述的观点:

> 法律面前应人人平等;在此基础上,所有女性与男性公民都应被赋予同等的尊严和地位,也应根据各自的特长拥有担任公职的同等机会;人与人之间只存在品德和才干上的差异。

这种"品德和才干"因人而异的说法丰富了"抽象个体"的内涵。由此,个体身份虽不是"抽象个体"所能概括的全部内容,但也已成为其中的一个重要元素。但对经典社会学来说,一个个因人而异的个例仍不能被纳入研究范畴,它们只算得上心理学等学科的分析对象。同样,在现代性的第一阶段,与"私人领域"和特殊个体相关的问题也往往不属于社会学研究的重点(从事政策研究的学者就持有这样的观点:个体只属于私域空间)。

---

① 奥兰普·德·古热(Olympe de Gouges,1748—1793)是法国女权运动早期的倡导者之一。她所撰写的《女性与公民权利宣言》(*Déclaration des droits de la Femme et de la Citoyenne*)意在破除男性特权,捍卫女性的政治权利,以期建立一种男女平权的社会制度。——译者

比起其他理论范式,"社会人"(personnage social)①这个概念最能反映第一现代性时期的社会学研究导向。它一方面致力于解释个体的行动与经验如何受其社会地位的影响;另一方面也意在反映,任何个体在社会中都拥有一席之地,这使他们成为独一无二的典型个例。这些个体潜藏在社会场域之中,在各种约束下形成他们的个人行为,构建他们的独特经验。②"社会人"的理论代表了社会学领域的核心认知,那些用个体的社会身份来解释其行为动机的社会学家都对该理论表示认同。在这个时期,虽然众多流派百家争鸣,但所有的论述都遵循着这一思路:为了了解行动者思考、行动和观察世界的方式,研究者需要将他们的社会角色视为最理想的(或者是唯一的)分析对象。在这种思路的引导下,社会化问题能够再次成为研究的焦点也就不足为奇了。需要强调的是,虽然对"社会人"理论的追捧并不表示社会学界对个体价值有所贬低,但这仍说明了"结构化"的理论分析模型在当时还占据着主导地位。

---

① 达尼罗·马尔图切利:《个体的基本原理》(*Grammaires de l'individu*),巴黎:伽利玛出版社,2002 年。

② 若要详细了解持有这些观点的理论,可以参见塔尔科特·帕森斯(Talcott Parsons):《社会系统》(*The Social System*),格伦科-伊利诺斯:自由出版社,1951 年;皮埃尔·布尔迪厄(Pierre Bourdieu):《区分》(*La Distinction*),巴黎:子夜出版社,1979 年;诺贝特·埃利亚斯(Norbert Elias):《什么是社会学?》(*Qu'est-ce que la sociologie?*),拉图代格:黎明出版社,1991 年(1970 年第一版)。

第三节 错误的出发点

20世纪80年代末,一些社会学家越来越关注人们的生命历程,同时他们也发现把这些多样化的案例划分为各种类型是越来越困难的事,于是个体便自然而然地成为了这部分学者的研究对象。不过,从20世纪50、60年代开始,这种关注社会个体化趋势的研究思路便走向了一个错误的出发点,用艾尔文·古德纳的话来说,就是"西方社会学危机"。[①] 他借用这个词来说明社会学的客观性立场正面临一种挑战:无论是标榜学术自由的学院派,还是主张改造社会的实践派,都未能将个体的自反性纳入社会学的研究视野。同时,他也注意到一个在他看来容易被忽视的问题,即"个体"对研究者的误导。事实上,针对与现代性第一阶段密切相关的"社会人"理论,在当时已有一些美国社会学著作开始质疑个体究竟能否与社会进行和谐互动。这些时常被归类于微观社会学的研究,不约而同地聚焦于行动者对社会变迁的助推作用。这些著作意在:捕捉行动者对情景的判断方式;突出日常生活的重要性;强调近距离地了解人群;注重行动者在社会生活中,以及更普遍的人际互动层面所使用的符号语义。

[①] 艾尔文·W.古德纳(Alvin W. Goudner):《西方社会学即将面临的危机》(*The Coming Crisis of Western Sociology*),伦敦:海曼出版社,1971年(1970年第一版)。

在这些各有千秋的探索中,欧文·戈夫曼的研究颇受瞩目,他为个体社会学的发展做出了最重要的贡献。

在戈夫曼的论著中,行动者与社会的互动是基本的分析单位。这些论著一方面强调二者的关系具有永恒的变动性,另一方面也主张将个体的洞察力当作首要的研究对象。个体作为行动者不断在他人的心目中塑造自己的形象,在对其进行分析时,便可以从这一点入手:这些个体时而真实,时而虚假,他们会戴着亲手打造的"面具",扮演他们所构想的"角色"。① 所以,个体研究的着眼点可以放在人与人之间带有强大约束力的语言和非语言互动上。同时,作为互动产生的结果,思想和意识也被纳入考察的范畴。换句话说,对人际沟通的分析比对个体主观性的解读更加重要。1982 年(就在戈夫曼逝世之前),他以"美国社会学协会"主席的身份发表了一次演讲。② 他在演讲中指出,人际互动是他关注的首要问题。面对"社会规范""社会结构"这类在 20 世纪 60 年代独霸一方的研究领域,戈夫曼的表态绝对可以看作一个时代的重要节点,它标志着互动论作为个体社会学的前身,已能够在学界"独当一面":

---

① 欧文·戈夫曼(Erving Goffman):《日常生活中的自我呈现》(*La Mise en scène de la vie quotidienne*),巴黎:子夜出版社,1973 年(1959 年第一版)。

② 翻译自标题"互动中的规范"(l'ordre de l'interaction),载于欧文·戈夫曼:《时间与时间中的人们》(*Les Moments et leurs hommes*),巴黎:色伊出版社-子夜出版社,1989 年,第 186—230 页。

与影响互动形成的外部因素相比,在互动行为中,人与人之间产生的相互依赖(这显然被我们当中那些只关注互动场景的学者忽略了)并不总是依附于社会结构。(戈夫曼,第216页)

　　戈夫曼认为,不能把所有现象都归结于社会秩序或社会阶层的作用。他的这个说法可以借助对"两种基本的身份识别方式"来加以理解:

　　这两种基本的身份识别方式是指:类别型(forme catégorielle)识别,也就是将身份识别对象划归于一个或多个社会类别;个体型(forme individuelle)识别,即在审视个体的同时承认他具有唯一且独特的身份,并通过其外表、声调、称呼或其他特征与他人区分开来。(同上书,第194—195页)

　　在不同的互动场景中,"个体型识别"与"类别型识别"虽然同时存在,但在方式上有所差异。由于戈夫曼常常将报纸上的叙事性文章作为分析资料(除了在精神病院的实地调查之外),又因为研究对象的虚假自我与真实自我难以辨别,所以他更倾向于优先采用"类别型"的身份识别方式,其次才会考虑"个体型识别"。就这点来说,尽管他对人际互动的解析无疑为个体社会学的起步打下了基础,但由于缺乏个体层面的考察，所以他的作品仍不免带有某些局限性。另外，借助自创的研究方法，他对互动行为的观察也常常停留在个体某时某刻的外在表现上，而未能深入了解他们对互动对象和互动活动本身的看法。如此一来，个体在互动过程中的内心感受就无从得知了。

戈夫曼的理论就像许多其他微观社会学理论（互动论、现象学或常人方法学）一样，最终都不期而同地忽略了个体层面的深入分析。其原因在于，他们的关注点往往侧重于理论和方法上的突破，也就是用社会学界极少关注的人际互动来丰富结构层面的探讨。在当时，学者们往往不重视现实生活中的细节，或者仅会从社会类属的角度对这些碎片化的现象加以考察，然而戈夫曼等人的出现却使生活琐事逐渐转变为各自独立的分析单元，从而使它们真正成为社会学的研究对象。从那时起，对社会生活的描述和探究便可以借助人际互动和行动者的日常行为策略来实现，而宏观社会学的阶层视角则不再是研究者的唯一选择。

就像我们所看到的，虽然很多个体社会学流派引述并试图拓展这些研究，但它们做得更多的还是对以上理论的修正。实际上，个体社会学是个具有普适性的研究领域，而不只涉及人们面对面的交流和个体身份的塑造等这类具体问题。所以说，对互动的考察只能算作区域性的理论，而远不能用于解释所有的现象。这就是为什么有关人际互动的研究尽管包含身份识别、角色扮演、角色分离等个体层面的内容，但我们仍无法把它所代表的微观社会学当成个体社会学的一支。只有等到二十年之后,真正的个体社会学才开始形成。

第四节 制度化的个体主义

从 20 世纪 80 年代起,越来越多的学者认为,如果社会或制度所倡导的行为准则无法再获得广泛的认同,那么个体就必须自己探索人生的方向。与美国微观社会学理论有所不同的是,这一观点将社会学对个体的关注(或重新关注)视为社会发展新阶段所产生的结果,也是现代性不断演进的必然。这种全新的社会形态使学者们意识到,社会学必须拥有更广阔的研究思路,这不仅需要重新审视那些现实生活中常常被忽视的领域,还应以一种全新的方式考察社会的运行状态。

1986 年,乌尔里希·贝克在德国出版的《风险社会》,以及他与伊丽莎白·贝克-格尔恩斯海姆合著的《个体化》[1]无疑是最能体现以上转变的两部代表作。在贝克看来,现代性的第二阶段或发达现代性为个体"选择"自己的生活方式提供了社会条件。从此,塔尔科特·帕森斯(Talcott Parsons)

---

[1] 乌尔里希·贝克、伊丽莎白·贝克-格尔恩斯海姆(Elisabeth Beck-Gernsheim):《个体化》(*Individualization*),伦敦:塞奇出版社,2002 年。其他相关著作请参见安东尼·吉登斯(Anthony Giddens):《现代性与自我认同》(*Modernity and Self-Identity*),剑桥:政治出版社,1991 年;齐格蒙德·鲍曼(Zygmunt Bauman):《个体化社会》(*The Individualized Society*),牛津:政治出版社,2001 年。

所描述的"制度化个体主义"(individualisme institutionnalisé)逐渐演变为以"公民权利、政治权利、社会权利,以及劳动报酬权、受教育权、自由流动权为核心的现代社会制度,并且这些制度从此所面向的是个体,而不再是群体"(第21—22页)。

让我们再回到彼得·瓦格纳所使用的"禁锢"(clôture)一词。尽管社会对男性与女性的"禁锢"并不相同,但在现代性的第一阶段,他们身上的那些既限制其自由又给予其保护的"枷锁"均开始松动,由此"人们(无论何种性别)从象征工业社会形态的阶级、社会阶层、家庭、性别身份中解放出来"(第158页)。不过,"枷锁"的松动并不意味着人人平等已经实现,与贝克的曲解相反,畸重畸轻的现象更加明显地表现在个体层面,同时,"社会系统中存在的问题也转嫁给了个人,他们在私域空间中的错误行动成了导致社会问题出现的起因"(第161页)。所以说,在处于现代性第一阶段的工业社会中,人们还留有以阶级、性别、民族为划分标准的"身份标签"。而到了现代性的第二阶段,这些连接个体与社会的标签便开始淡化。然而,身份标签的淡化也并不代表个体拥有了更多的自主权,他们其实是被卷入了另一个"制度化的历史进程"。在这一进程中,个体借助其他手段实现自我的塑造,其中最常用的便是以身份炫耀为目的的消费行为,亦或是以探索内心世界为意图的心理咨询活动。

在这种制度化的个体主义环境中,男女老幼都需要"从亲身经历中寻找解决"现代社会"结构性矛盾的途径"

(第22页)。他们必须在一生中不断地进行自我塑造,而这无疑也为他们提供了摆脱各种束缚的可能性。但同时,由于人们不得不自力更生、独当一面,所以内心中的不确定性、焦虑感和不安全感也随之提升。这些现象反映了个体主义既有积极的一面,又有消极的一面。我们可以以爱情为例对此加以说明。通常,人们会认为这种情感能够在两个"独立个体"之间构建一种和谐的关系,然而考虑到离婚率的上升和婚姻解体对子女造成的不良影响,爱情这种东西也会带来"正常性的混乱"(chaos normal)。[1] 此外,人们对个性化的追求也可以用来解读个体主义的两种面向。比如,特立独行往往是众多青少年追求的目标,他们有权让自己变得与众不同,但这种权利也使摆脱旧俗、重塑自我成为他们必须履行的一项任务。对于贫困阶层来说,"个性化"的消极面向就更为明显。在传统社会中,贫穷是一种境遇,个体无须对此负责。相反,到了现代社会,穷困的状态暗示着一个人具有不稼不穑、怠惰因循、傍人篱壁、坐享其成的品性。因而,这种新的社会秩序虽然减少了对个体的约束,但也泛化了个体的能力,就像罗伯特·卡斯特尔(Robert Castel)所说的,那些在社会上和经济上保持独立但实际上又无依无靠的人(既缺乏物质的支持也缺乏集体的保护),最终将无法作为个体安心

---

[1] 乌尔里希·贝克、伊丽莎白·贝克-格尔恩斯海姆:《爱情的正常性混乱》(*The Normal Chaos of Love*),剑桥:政治出版社,1995年(1990年第一版)。

地过活。① 从这个意义上讲,个体所需要的不再是纪律性和服从性,而更多地是灵活性和变通性。② 所以,个体化进程与新制度的执行方式息息相关:一方面,对个体的制度化约束逐渐减弱;而另一方面,由于这些制度化约束涉及个人生活的各个领域,所以在管控范围上也越发宽泛。

按照斯科特·拉什的定义,个体化是一个"'塑造自我'的过程",③它要求个体为了构建个人身份而不懈奋斗。在关乎子女未来的问题上,几乎所有的父母都认同这一观点,所以他们往往认为孩子今后能否成功取决于其自身的努力。就像"我就是我"("I am I",《风险社会》一书的章节名称)中所说的那样,如今的个体需要具有高度的自反性,并能够更迅速地应对人生中遇到的艰难险阻。因而,社会学家必须格外关注个体在一生中的抉择和转变,以及由个人和社会因素引发的"意外事件"和他们解决问题的各种办法或尝试。由此,就算研究对象是一批社会地位相似的人群,也有必要重新审视他们个人经历中的自我塑造过程。就这一点而言,当

---

① 罗伯特·卡斯特尔(Robert Castel):《社会性问题的异化》(*Les Métamorphoses de la question sociale*),巴黎:法亚尔出版社,1995年;罗伯特·卡斯特尔、克罗蒂娜·阿洛什(Claudine Haroche):《私人所有,社会所有,个人所有》(*Propriété privée, propriété sociale, propriété de soi*),巴黎,法亚尔出版社,2001年。

② 在教育领域也可以发现这一现象,这里可以参见弗朗索瓦·德·桑格雷:《自生青少年》,巴黎,阿尔芒·科兰出版社,2006年,第45—50页。

③ 斯科特·拉什(Scott Lash):"前进:在非线性模型中的个体化"(Foreword, Individualization in a Non-Linear Mode),引用于乌尔里希·贝克、伊丽莎白·贝克-格尔恩斯海姆:《爱情的正常性混乱》,第7—13页。

个体被视为社会主体时,对他们的分析就会更为复杂,因为我们已经无法再简单地用某类典型群体(以社会阶层、性别、辈分划分的人群)的特征来对他们进行描述。

所以说,个体化进程中显现的问题也就是制度化个体主义中存在的问题:而这里我们需要重点讨论的是,整个社会制度是否能以特定的方式感化和塑造个体。恰恰在讨论这一问题的过程中,社会学界对个体的关注与日俱增。当然,在现代性的第二阶段,所有组织制度都要求人们学会成为个体,这一特有的强制性个体化模式最终将会使当今社会呈现出一种意想不到的趋同性。而且,在不同的社会领域,人们迫于压力以多种方式实现的个体化也会被这样的趋同性所掩盖。在一些关于个体化的研究中,我们常常会惊奇地发现,所有的结论都千篇一律:不管是在学校、在家中,还是在职场或教会,个体化的制度规范似乎都大同小异。同时,还有一些相关研究未能从社会身份、性别或年龄等角度出发,更加细致地区分个体之间的差异。正如我们将会在第三章中谈到的,个体社会学这门分支学科有时并不苟同于制度化个体主义的立场,而它之所以能够真正成为独立的研究领域,一是因为注意到了当今组织制度的复杂性,二是由于不再用单一的群体划分标准(如阶层、性别、年龄)来诠释社会主体,三则是在于把个体的自我塑造能力纳入了分析框架。

在个体社会学的著作中,个体从来不会被当成一个独立不群的原子(许多反对个体主义的人总会有这样轻率的评判),也不会毫无根据地把它当成至高无上的研究对象(个体主义方法论就是这种情况)。如果说个体是我们研究的核心,那是因为个体形成的过程能够帮助我们从另一个视角解析社会发展的始末。如前所述,个体化之所以能够出现,其真正原因也在于一个全新的历史与社会阶段的开启。就这样,社会学在现代性第二阶段的影响下"前往微观领域"[①]考察分析对象,由此来诠释那些从前被结构性视角掩盖而如今却难以忽略的维度和面向。当前对个体的关注就来源于这样一个独到的推论:社会迫使个体不得不作为独立单元进行自我建构,所以在研究当今社会时,就应该对这种强制执行的个体化加以考察。

---

① 这并不代表个体社会学就是一种微观社会学,因为前者认为,独立个体生活在宏观社会建构的各种规范之下,它们决定着个体的行为模式。

第二章　个体主义的多国源流

个体社会学的构建离不开对特定社会文化环境的解析,所以,与现代性的发展阶段一样,不同国家的思想源流也在其中发挥着重要作用。诺贝特·埃利亚斯(Norbert Elias)就秉持这样的观点。在他看来,所有的社会学研究,尤其是关于个体形成过程的分析,都无法与其所在国家的思想传统分割开来。

这就是为什么在将个体社会学及其理论和方法作为一个成熟的研究领域详加讨论之前,我们有必要首先介绍该领域赖以维系的各个思想源流。正是它们多多少少地左右着个体社会学的关注方向。当然,我们即将系统阐释的是一些早年的研究。这些研究往往带有学者个人的学术偏好,而且在许多方面缺乏深度。与其说这些著作是思想源流的塑造者,不如说它们只是传统理念的遵循者。[①] 虽说如此,理念上的探索总归有其价值,众多社会学先辈的不懈努力也为我们

---

① 罗伯特·威廉·康奈尔(R. W. Connell):"经典理论何以经典?"(Why is Classical Theory Classical?),《美国社会学杂志》(*American Journal of Sociology*),第 102 卷,第 6 期(1997),第 1511—1557 页。

的研究打下了基础。不过,本章仅会简要地摘选几位学者的理论加以介绍,这绝不足以体现各国历史发展中的多元性,更无法顾及国与国之间的思想交融。即便如此,这样的介绍仍然可以让我们了解到个体社会学的分析视角与一个国家的历史和文化有着何种关联,以及后者又如何影响前者在研究内容上的构建和研究方法上的推广。

第一节 美国个体主义源流:制度与共同体

与大多数我们所熟知的欧洲个体主义流派不同,美国的个体主义理念一开始并不是为了分解高度组织化的共同体。恰恰相反,它的目标是围绕个体构建一个以平权思想和公民生活为根基的社会。有别于其他国家的文化传统,美国的个体主义思想带有浓厚的本国特色,但同时也具有多样化的面貌。20世纪80年代,罗伯特·贝拉及其研究团队便在著述中列举了四种类型的个体主义思想。[①] 第一类,历史最为悠久,它源于圣经教义,以及建国以来由国父思想、基督教价值观和公民民主参与意识这三个元素建构形成的共和主义传统。此后,贝拉又提出了其他三种个体主义类型。首先,借用梭罗(Thoreau)的话来说,就是"自力更生"(self-made-

---

① 罗伯特·贝拉(Robert Bellah)等:《心灵的习性》(*Habits of the Heart*),伯克利:加利福尼亚大学出版社,1985年。

man)的个体主义,它带有自由主义的色彩和人定胜天的意念,其核心价值在于个体的独立性。其次是"谋划运筹"的个体主义(individualisme managérial),它的前身为本杰明·富兰克林(Benjamin Franklin)的功利主义,以及从广义层面上讲,以利益和物质转化效率为行动目标的实用主义。贝拉等人最后提到的类型是"心理疗慰"的个体主义(individualisme thérapeutique),它植根于沃尔特·惠特曼(Walt Whitman)的表现主义,诉诸个人的自主性成长。这四类个体主义思想与崇尚"贤者在位"的价值理念密切相关,同时也反映出现代社会中的一个重要特征:从身份传承(群体归属)转变为身份获取(个人成就)。

就美国个体主义社会学的核心理念而言,我们也许可以借用史蒂文·路克斯的说法,将其比作一套以个体为支点、以社会秩序和德行规范为架构的教义,[①]就像之前所论述的,个体终归要为其行为负责,也要为其行为寻找道德依据。正是出于对这个问题的思考,塔尔科特·帕森斯(Talcott Parsons)的著述才成为了美国社会学不可撼动的传世经典。[②]然而这种带有清教思想和国父圭臬的个体主义很快又使美

[①] 史蒂文·路克斯(Steven Lukes):《个体主义》(*Individualisme*),牛津:巴希尔·布莱克威尔出版社,1973年,第四章。

[②] 杰弗里·C. 亚历山大(Jeffrey C. Alexander):《社会学二十讲:二战以来的理论发展》(*Twenty Lectures : Sociological Theory since World War II*),纽约:哥伦比亚大学出版社,1987年。

国社会学界意识到,个体在社会参与中的主动性和自愿性与各类"共同体"发挥的作用同样值得研究,从芝加哥学派早期的作品直到近期有关社会资本的探讨都与这些问题相关。其中,主要有两类问题引起了学者们的兴趣:一是单一个体的道德观念问题;二是他们所组成的群体对是非标准的界定问题。实际上,社会学从诞生之日起便尽可能地与经济学理论和社会达尔文主义保持距离。后面这两种理论往往将社会发展视为"自然法则"之下物竞天择、适者生存的结果,而且它们也反对那些有悖于自由竞争原则的国家干预措施。但早期的社会学者往往也是基督教社会改良运动的参与者,他们更偏重于维护社会关系中的人伦道义和自主意志,所以最终把美国社会学打造成为颇具务实精神并致力于解决社会问题的学科体系。①

其社会学理论中的个体主义思想源于两套研究逻辑。首先是带有浓厚道德传统的个体主义观,它允许人们在自由意志和自主意愿的引导下建构以个体为核心的社会秩序。如果说社会化的概念在美国社会思想中占据着举足轻重的地位,那正是因为这种教化方式能够切实维护社会的凝聚

---

① 安东尼·奥博肖尔(Anthony Obershall)编:《实证社会学的构建》(*The Establishment of Empirical Sociology*),纽约-旧金山:哈普与洛出版社,1972年;尼古拉·埃尔潘(Nicolas Herpin):《美国社会学家与时代》(*Les Sociologues américains et le siècle*),巴黎:法国大学出版社,1973年,第7页至最后;让-米歇尔·夏布利(Jean-Michel Chapoulie):《1892—1961:芝加哥学派的社会学传统》(*La Tradition sociologique de Chicago. 1892–1961*),巴黎:色伊出版社,2001年。

力。只有整个社会推行一套共同认可且代代相传的价值观念和社会规范,社会融合才会付诸实现。其次是围绕个体独特性而展开的探索,这也算得上美国社会科学界长期关注的一个议题。有不少美国社会学家曾坚持认为:一方面,鉴于个体的崛起能够直接推动现代化的进程,所以应将"传统"与"现代"进行严格区分;另一方面,也要继承美国的政治文化传统,重视社会化的作用,尤其要在多元化的现代社会中培养能够自力更生的个体。就像塔尔科特·帕森斯所概括的,在制度的运作下,人格、社会体系和文化环境三者有着密不可分的联系。① 而美国社会学真正信奉的就是这种制度化的个体主义。

然而伴随着帕森斯的乐观言论,两类问题又同时浮出水面。第一类问题是个体自主性的降低,该现象很快就引起了美国社会学界的关注。从20世纪50年代初开始,大卫·雷斯曼便带着批判性的视角对这一问题展开了探讨。他指出,"自主决策型"个体(individu intro-déterminé)(根据自身的判断来采取行动)正逐渐蜕变为"外源决策型"个体(individu hétéro-déterminé),后者的一举一动都受控于那些迫使他们顺应环境的"社会定位工具"。② 而从他开始,许多社会学者

---

① 塔尔科特·帕森斯:《社会系统》;塔尔科特·帕森斯:《社会结构与人格》(*Social Structure and Personality*),纽约:自由出版社,1964年。

② 大卫·雷斯曼(David Riesman):《孤独的群氓》(*La Foule solitaire*),巴黎:阿尔托出版社,1964年(1950年第一版)。

也把个体自主性的蜕变当作重点考察对象,他们的研究随即成为了一种重建美国自由民主精神的呼吁。①

至于第二类问题,托克维尔早在研究美国民主制度时就曾提到,个体主义的存在与否与各类团体(如宗教团体、政治团体、民间团体等)的作用息息相关,后者是构成整个社会的重要单位,又是形成国民社会生活的关键元素。英文中的"共同体"(community)一词恰好能够很好地反映这一点,而与此对应的法语单词(communauté)则在很多方面不能准确地表达出英文的原意。②应该说,正是在"共同体"的主导下,个体才可以参与社会活动,而社会秩序也才能够得到长期维护。除了上述作用,"共同体"还可以防范个体对私人利益的过分追求和对公共事务的漠视,借此来确保整个社会的正常运行。

虽然托克维尔并未充分论述美国社会"共同体"的主导作用,但此后有不少研究开始关注这个问题。一些持有相似观点的著述相继出现,它们的作者往往与托克维尔不谋而合。其中,芝加哥学派的学者便认为,个体的社会活动参与,尤其是个体加入"共同体"的行为就是一种融入社会的手段。

---

① 丹尼尔·贝尔(Daniel Bell):《资本主义的文化悖论》(*Les Contradictions culturelles du capitalisme*),巴黎:法国大学出版社,1979年(1976年第一版)。

② 英语中的 community 侧重于指代民间自发集结而成的团体与社群;法语中的 communauté 则带有"熟人圈"的色彩,即由血缘、地缘、教派等原生因素而形成的传统意义上的集体。——译者

以贫民区为例,这些学者常把这块区域比喻为一条能使移民融入美国社会的"缓冲带"。此外,社会与"共同体"成员之间的紧密联结也成为了研究的焦点,像林德(Lynd)夫妇的《中镇》(*Middletown*)、罗伯特·帕特南(Robert Putnam)的社会资本研究,还有那些讨论庸众社会和中介实体何以消亡的论文[1]均源于对这一问题的思考。所有这些研究都极其重视两个问题:一是美国"共同体"式的社会生活具有哪些特殊性,二是哪些元素属于个人自由的组织基础。另外,许多与文化领域相关的著述也对"共同体"的主导作用和个体的从属问题进行过探讨。其中具有代表性的是克里斯托弗·拉希和理查德·桑内特的研究,他们通过观察20世纪70年代中期出现的隐居和私域化现象,分别对自恋人格和私人生活中的专制权力进行了详尽的分析。[2]

在美国,个体引发的种种问题令人担忧,同时,全社会对宗教精神的倡导也反映出其思想中怀旧与保守的一面,但尽管如此,个体仍是美国社会赖以运转的重要支点。制度化的个体主义恰恰能够很好地概括美国个体主义的内涵,也就是

---

[1] 威廉·考恩豪瑟(William Kornhauser):《大众社会政治》(*The Politics of Mass Society*),纽约:自由出版社,1959年;罗伯特·帕特南(Robert Putnam):《独自打保龄》(*Bowling Alone*),纽约:西蒙与舒斯特出版社,2000年。

[2] 克里斯托弗·拉希(Christopher Lasch):《自恋主义文化》(*Le Complexe de Narcisse*),巴黎:罗贝尔·拉丰出版社,1980年(1979年第一版);理查德·桑内特(Richard Sennett):《私人生活的专制》(*Les Tyrannies de l'intimité*),巴黎:色伊出版社,1979年(1974年第一版)。

其所强调的制度与"共同体"的整合：在这个国家，对个体的重视并不意味着社会的解体。相反，只有树立起个体的道德意识，才可能实现社会的构建。于是，本着这样一种理想，宗教立国的观念就逐渐被世俗化了，并最终演变为美国社会学的思想根基，就这一点而言，我们对个体与"共同体"的担忧便显得有些多余了。① 毫无疑问，这种个体与"共同体"的关系反映了美国个体主义观念中的一个重要特点：在当前的经济活动与消费活动中，个体主义理念大大有助于实际的财富积累，这是世界公认的，也是在其他国家极其少见的。

第二节　德国个体主义源流：以异化为视角

德国社会学界对个体的关注往往与一个关键问题密切相关：那就是如何摆脱资本主义社会的异化本质。换句话说，就是如何在追求理智高效的社会中为主体意识保留一席之地。

这一经典的研究视角具有多个理论渊源。纵览文化变迁史便可以发现，与启蒙时期强调理性和普适性的理论范式相比，德国的个体主义视角更加重视系统性和解释性。这无疑为德国社会学增添了些许浪漫主义的情怀，也使德国的学

---

① 阿瑟·维迪奇（Arthur Vidich）、斯坦福·M. 黎曼（Stanford M. Lyman）：《美国社会学》（American Sociology），纽黑文：耶鲁大学出版社，1985年。

者们更加强调对本真的追求和对个体唯一性、独特性的尊崇。这种整体性与个体性的矛盾统一不仅隐藏在赫尔德对德意志民族的剖析中，还出现在齐美尔的著述里。在这些著述中，齐美尔把18世纪带有抽象和理性色彩的"量化"个体主义与19世纪讲求差异和个体分化的"质性"个体主义做了区分。总之，古典时代的德国学者很早就意识到个体与社会之间存在着一种特殊的对立关系。就连海德格尔对虚幻性的界定，都能反映出个体的自我塑形与社会生活之间的矛盾冲突。

此外，马克思与埃利亚斯也从不同的角度对个体与社会的关系进行过分析。这些分析形成了一系列与德国民众内在特性相关的理论。在马克思看来，理想主义在19世纪的德国日益兴盛，这是国家发展停滞不前的结果：德国国民因为无法改造社会，所以才逃匿到理想化的国度中去。而埃利亚斯认为，德意志文明的发展进程是通过举步维艰的国家统一来推动的，也只有通过社会变迁，那些具有资产阶级内在属性的文化才能得以推广。由于这个新兴的社会阶层既不乏社会精英，同时又极少像贵族阶层那样将文化修养弃如敝屣，加之特殊的历史背景和资产阶级与贵族阶层的分割，最终才有了德意志民族在"人文素养"方面的进步。

虽然以上这些作品极具影响力，但若涉及资本主义和过度理性化对个体的奴役问题，那还是要重读马克思与韦伯的经典论著，因为唯有他们二人的理论才足以支撑社会学的基本架构。在韦伯看来,现代社会的诞生源于生产和管理过程中三个要素的结合,即统筹规划、企业间的协调配合与职业化处事方式的推广。通过三者的结合,理性思维才逐渐渗透到社会生活的方方面面,由此形成现代社会的一大特色。这种思维方式产生的结果是不同行动门类之间的逐步分化和对个体约束力的加强。当马克思着重关注经济领域显现的弊病(异化和商品拜物教)时,韦伯对该问题的思考则延展到了经济、法律、管理、艺术领域,乃至人们对世间万物的科学认识理性。所有这些领域的异化都使得行为更具有规律性和可预测性。举例来说,行动者在社会生活中会越来越多地受工具理性的驱使,至少他们也是出于对行为结果的考量而理性地采取行动(目的理性,Zweckrationnelle)。从长期来看,借由行动门类的多元化及其彼此之间的独立化,这种固定僵化的理性思考会限制人们的自由,并迫使他们服从于外在的制度规范。同时,以"祛魅"为目标的认知理性又弱化了世间万物原先具有的神圣性,从而使人们变得更加迷茫。

可见,"异化"问题一直是德国社会学界关注的重点。在马克思与韦伯的基础上,先是卢卡奇踵事增华,后是法兰克福学派箕引裘随。可以说,从霍克海默、阿多诺,到马尔库塞、哈贝马斯,再到霍耐特和独辟蹊径的贝克都是一脉相承。但与此同时,这些学者对个体问题的研究却陷入了两难:一方面他们探讨现代社会何以如此僵化与压抑,另一方面还要不断寻找个体摆脱这种社会禁锢的方式。所以,对"异化"问题的研究自然而然就成为了德国社会学的重要标志。[1]

实际上,在"异化"一词诞生之前,德国的个体主义理论就已经意识到个体的未来将面临重重挑战。一方面,个人发展必须依靠社会,但另一方面,社会总以各种方式阻碍个体独立性的形成。这些结构性障碍时而表现为"社会管控",时而以庸众文化的面貌呈现,又或是法兰克福学派所说的两者兼具。[2] 由此,哈贝马斯指出,现代性通过推崇"逐利"与"逐权"来辖制世界,从而违背了启蒙时代追求思想解放的初衷;[3]霍耐特也认为,在个体获取社会认可的过程中,贬低和物化个人尊严的现象越来越常见;[4]而对贝克来说,在一个充满风险的社会中,行动者必须时刻准备着面对意料之外的行动结果,而这些行动结果往往是产业变革在社会领域中的表现(或"投射")。[5]

---

[1] 雷蒙·阿隆(Raymond Aron):《当代德国社会学》(*La Sociologie allemande contemporaine*),巴黎:法国大学出版社,1981年(1936年第一版);弗雷德里克·范登博格(Frédéric Vandenberghe):《德国社会学批判史》(*Une histoire critique de la sociologie allemande*),第2卷,巴黎:发现出版社-莫斯出版社,1997—1998年。

[2] 马克斯·霍克海默(Max Horkheimer)、西奥多·W. 阿多诺(Theodor W. Adorno):《启蒙辩证法》(*La Dialectique de la raison*),巴黎:伽利玛出版社,1974年(1944年第一版);赫伯特·马尔库塞(Herbert Marcuse):《单面人》(*L'Homme unidimensionnel*),巴黎:子夜出版社,1968年(1964年第一版)。

[3] 尤尔根·哈贝马斯(Jürgen Habermas):《沟通行动理论》(*Théorie de l'agir communicationnel*),巴黎:法亚尔出版社,1987年,两卷本(1981年第一版)。

[4] 阿克塞尔·霍耐特(Axel Honneth):《物化》(*La Réification*),巴黎:伽利玛出版社,2007年。

[5] 乌尔里希·贝克:《风险社会》。

有关"异化"的思考不仅仅存在于哲学和社会学领域。弗洛伊德撰写的心理学论著对德国社会理论的深远影响也毋庸置疑。其中,他对文明之"苦"(malaise)的论述尤其反映了他对个体问题的一种忧虑。在弗洛伊德看来,人类的这些苦恼源于三重困境:一、大自然不可抗逆的力量;二、人类纤柔弱小的躯体;三、伦常关系的难以协调。他特别指出,文明的构建必须以抑制本能的冲动为基础,甚至文化的进步还常常需要以舍弃幸福感和强化罪恶感为代价。① 从马尔库塞到埃利亚斯都深受该理论的影响。对前者来说,社会的管控能够使个体产生一种压迫感,从而规正自己的行为;而后者认为,文明的进程是过度自制的体现,这种自制会使人类的暴力行为通过全新的形式呈现出来。同时,人与人之间的孤独感也在增加,这种感受甚至会持续到生命几近终了时。个体化发展到这种程度,每个人都将变得形单影只,乃至失去对逝者表达哀伤的能力。②

在丰富的文献著述和多元的创新理论中,现代性滋生出的社会弊病似乎是整个德国个体主义理论探讨的核心问题,也是德国社会学极具代表性的研究方向。这些包罗万象的

---

① 西格蒙德·弗洛伊德(Sigmund Freud):《文明的苦恼》(*Malaise dans la civilisation*),巴黎:法国大学出版社,1992年(1929年第一版),第47页。

② 诺贝特·埃利亚斯:《行将就木者的孤独》(*La Solitude des mourants*),巴黎:克里斯蒂安·布尔日出版社,1987年(1982年第一版)。

作品展现了百家争鸣的学术氛围和带有批判性的学术立场。然而,所有的这些作品都与异化问题息息相关,因此不免带有悲观的色彩。其中,最值得品读的是它们对现代性的质疑和警惕。

诺贝特·埃利亚斯之《个体的社会》

虽然埃利亚斯的这部专著名为《个体的社会》(La Société des individus),但我们通常不将其视为个体社会学领域的作品。尽管如此,这部专著仍然可以算得上描写"个体主义社会"的奠基之作。那么该书的核心思想是什么?实际上,埃利亚斯在书中试图从常规的角度阐释为何个体与个体的组合能产生"一加一大于二"的效果。通过提出"型构"(configuration)这一概念,他将社会与个体的二分关系进行了梳理。在埃利亚斯看来,人与人之间的依存关系形成了各种类型的社会"型构",要想深入了解这些关系网络,一方面应该摒除有关社会系统的假设(即认为组织制度会将自身意愿强加给行动者),另一方面也要跳脱对独立个体(homo clausus)的臆测(即认为个体不仅具有自我封闭性,还拥有充分的自由)。所以对"型构"的理解必须把握这样一个关键点:它既不代表脱离社会的个体,也不代表独立于个体的静态社会。此前,社会与个体常被生硬地一分为二,而埃利亚斯在二者之间引入了两个动态影响因素,即文明的发展进程和个体学习规矩、提升素养的过程。其中,第二个动态影响因素可以使个体意识到自身具有独立的判断能力,并能够对作为"景观"(paysage)或"客体"(objet)的外部环境做出主观的情感表达。当自我约束逐渐成为社会化的主要内容时,个体就会更加坚信自己可以主宰人生并实现自主抉择,同时他们也会具有更强的自我意识,从而将他们观察到的社会情景当成客观存在的现实。文明的进步便在于人们将社会禁忌和对内心冲动的克制逐渐内化为恒定的价值观念,这样他们才能从心理层面不断加强自我约束。同时,这种自我约束也可以使个体摆脱集体的束缚,并拥有主体的身份,而该身份就是一种潜藏在肉体和精神之中的"自我",它既不能用代表集体的"我们"来概括,又不能用"我们"来表示。

伴随着文明的演进,越来越多的人会对自我进行约束,他们常常以为这是一种个体与社会建立联系的方式,然而对埃利亚斯来说,最错误的理解莫过于此。事实上,这种自我约束恰恰反映了社会与个体的分隔。在他看来,试图构建一个优先于且独立于社会而存在的个体,或者在无视个体的情况下探讨社会运行的规律,这两种做法都是极其荒谬的。所以,在研究社会与个体时,就必须了解"型构"和个体之间错综复杂的依存关系。在有关文明进程的论述中,这便是埃利亚斯的着眼点。

另外,他的理论还包含一种独特的认识论视角。虽然在论述中埃利亚斯承认个体对文明演进的重要作用,但作为一种个体社会学的理论架构这还是不够的。其原因在于,他只把个体及其外在表现和内心情感当成文明进程和社会历史"型构"带来的"副产品"。而他在论述中所探讨的核心问题仍然是社会及其"型构"。在这样的"型构"系统中,某一位行动者的所有社会行为都受到另一位行动者的影响,这就像一条环环相扣的隐形链条,将个体与个体之间相互依存的关系"编织"成无形的网络,然而矛盾的是,"链环"的数量越多,个体的独立感却越强。于是埃利亚斯指出,社会只是一种组织结构的整合,在该结构中人人各司其职、各尽其责:"人们在与他人的依存关系中塑造自我,并以不同的目标和不同的方式来发展和巩固他们作为独立个体的相对自主性"。

第三节　英国个体主义源流：自由与庇护

英国是首个将市场、工业革命和自由议会引入社会运行机制的国家。这三项创举孕育出了独具特色的个体主义理念。该理念常常在两大政治思想源流中忽隐忽现，也成为了具有英国特色的社会学研究思路。一方面，无论是赫伯特·斯宾塞（Herbert Spencer）的《个体与国体》（*L'Individu contre l'État*），还是弗里德里希·哈耶克（Friedrich Hayek）的《通往奴役之路》（*La Route de la servitude*），这些作品中饱含的自由主义思想一直以揭露公共干预对个体造成的危害为宗旨。因此，面对不断壮大的国家体制，"消极自由"（liberté négative）这一概念开始广受追捧。此概念意指个体不受限制地发挥其能动性，并在不被所有公共权力控制的情况下，保留其主观意识上的自由。① 但与此相对的是，从斯图尔特·密尔（Stuart Mill）的《功利主义》（*Utilitarisme*），到雷奥纳德·霍布豪斯（Leonard Hobhouse）和马歇尔（Marshall）的论著，再到安东尼·吉登斯的《第三条道路》（*Troisième Voie*），这些社会主义思想的代表人物又在不断地驳斥自由主义的观点，意在寻求个体自由和基本社会保障之间的平衡。

---

① 以赛亚·柏林（Isaiah Berlin）：《关于自由的四篇随笔》（*Four Essays on Liberty*），牛津：牛津大学出版社，1969年。

就像雅克·罗德里格兹在回顾社会学发展史时所说的,英国社会学缘起于个体自由与公共干预的论争:"其知识构建的目的在于提出社会问题的解决方案,因而也可以说是一种学术问题和政治问题的勾连。"①

虽然罗伯特·卡斯特尔(Robert Castel)深受涂尔干的影响,常被当成法国社会学的代表人物,但实际上他作为英国学者意在探讨一个更深层面的个体自由问题,即个体发挥能动性的客观条件。他以"私有制"这个个体权益的基本保障制度为切入点对该问题展开了分析。在他看来,当一个论资排辈、上下有等的社会开始允许阶层之间相互流动的时候,"私有制便是使个体免于'饔飧不继'的最佳选择"。② 这恰恰因为该制度能够维护个体的独立性,从而将"私有个体主义"(individualisme possessif)的积极作用发挥出来。③ 随着工薪阶层的逐渐壮大和一部分无产者的出现,一些私有制的替代性措施开始实施,其首要解决的就是产权问题和一系列财产保护问题。私有制不断完善的过程恰恰体现了英国个体主义的核心理念,同时这种理念也隐含在自由主义与社会主义两大阵营的长久论战中。自由主义者主张无为而治,认为所

---

① 雅克·罗德里格兹(Jacques Rodriguez):《穷人与社会学者》(*Le Pauvre et le sociologue*),李尔:北方大学出版社,2007年,第14页。

② 罗伯特·卡斯特、克罗蒂娜·阿洛什:《私人所有,社会所有,个人所有》,第37页。

③ 麦克弗森·C. B. (C. B. Macpherson):《私有个体主义理论》(*La Théorie de l'individualisme possessif*),巴黎:伽利玛出版社,1971年(1962年第一版)。

有的公共干预都会践踏个体的独立性和与个人财产相关的权利,但社会主义者坚信,现代社会理应将所有个体都纳入社会保障体系。

若要从以上这些思想源流出发对个体加以考察,那就必须关注他们实际拥有的自由和权力,以及获取自由和权力的基础与保障。个体究竟以何种身份又是在何种情况下才能被视为真正的"个体"?针对这一问题,许多学者从公民属性的角度展开了讨论:其中一部分人强调,应该让个体从束缚中"解放"出来,而另一部分人则认为,个体更需要受到社会的"保护"。总之,英国个体主义思想一直在探索个体所依存的客观条件。无论是约翰·洛克(John Locke)的"私有个体主义",还是安东尼·吉登斯的论述,亦或是自反性现代化理论,这一主题都贯穿始终。除此之外,托马斯·H. 马歇尔的权利变迁三阶段论(公民权利、政治权利、社会权利)也可以成为英国个体主义思想的"旁枝"。① 由此可见,在英国社会学理论的框架下研究个体问题,主要是为了搭建个体自由与社会保障之间的桥梁,而这常常需要以权利和法律为民事调节手段来解决社会问题或文化冲突。②

虽然现代社会推行的大多数政策并不都是英国人发明的,但它们却纷纷在英国的土地上生根发芽、发扬光大。同

---

① 托马斯·H. 马歇尔:《阶级、公民身份与社会发展》(*Class, Citizenship and Social Development*),纽约:铁锚图书出版社,1965 年。

② 迪迪埃·拉佩罗尼(Didier Lapeyronnie):《个体与少数族裔》(*L'Individu et les Minorités*),巴黎:法国大学出版社,1993 年。

时,也恰恰是英国的实践经验能够让人们认识到,尽管福利国家体系既有好处又有弊端,但在现代社会的个体化进程中,该体系的存在仍然是十分必要的。一方面,对弱势群体来说,福利国家能强有力地保障社会的公平,并通过社会性团结从制度上维护这类群体的权利。另一方面,该体系也会使个体变成救助对象和政策的依附者,尤其是那些承担救助工作的公务人员或社工,他们的主观判断会极大地左右救助对象的命运。然而,这些工作人员的态度又往往缺乏中立性。由此便产生了利与弊之间的博弈,并从另一个侧面反映出福利国家作为保护者和监控者的双重特质。此外,福利国家还必须在公共救助体系覆盖的全体国民中筛选出那些急需救助的对象,而如何对后者进行界定,相关的争论至今还在继续。

为了清晰地展现英国社会学广泛且深厚的影响力,本节的概述像之前介绍其他国家的个体主义源流一样,仅是"轮廓上的勾勒",许多具体的内容还有待填充。虽然过于简明扼要,但这样的"勾勒"仍可以让我们了解英国社会学界是怎样开始关注个体的。尤其是以经验主义和社会调查著称的英国社会学,为何会将推动制度改革作为终极目标,为何会如此积极地参与社会法规的制定,以及怎样通过这种方式在财政投入和社会政策之间搭建一种长效的良性关系。在这样的历史背景下,出于解释社会现象的需要,英国社会学界再次开始关注个体及其心理领域的研究。而如何维护个体的独立性,以及如何落实以个体为服务对象的社会政策也成为了他们探讨的焦点。虽然在每个阶段都有新的理论出现,但哪些是个体应尽的义务、哪些是国家机构的职责,学者们还在围绕这些问题不停地探索。

第四节　法国个体主义源流:
特殊性与普适性

在法国,个体主义与体现共和精神的普适主义(universalisme)息息相关,从笛卡尔的思想到《人权与公民宣言》(*Déclaration des droits de l'homme et du citoyen*),这些追求普适性的理想均以不同的方式呈现在现实生活中。不过,从社会学的专业视角来看,仅凭这种思想还不足以概括长期以来该学科对个体问题的探讨。实际上,法国的个体主义源流最注重以个体为分析单位,也最重视对个体的细致描述。从这个意义上讲,在个体形成的过程中,作为"人类文明"的表现形式,礼仪规范和道德风气究竟发挥着哪些作用,这个问题便非常值得研究了。诺贝特·埃利亚斯就以此为出发点分析了人们在宫廷生活中如何学习审视自我和观察他人,同时他也探讨了人们如何将社会评价作为客观参照、将保持体面作为行为准则,由此形成一种辨析和自反的能力。①

---

① 诺贝特·埃利亚斯:《风俗之文明》(*La Civilisation des mœurs*),巴黎:卡尔曼-列维出版社,1991年;《西方的活力》(*La Dynamique de l'Occident*),巴黎:卡尔曼-列维出版社,1975年(1939年第一版)。同时参见菲利普·德·伊利巴尔纳(Philippe d'Iribarne):《体面的逻辑》(*La Logique de l'honneur*),巴黎:色伊出版社,1989年。

在法国,许多文学作品的题材都取自于社会学的研究,这些作品对人物角色的分析也颇有社会学的意涵,可见社会学对文学的逐渐渗透能够极好地彰显法国个体主义思想的特色。[①] 巴尔扎克与普鲁斯特的作品已无须赘述,他们用构思精巧的故事将法国学界最关心的社会问题进行了淋漓尽致的呈现,并从个体所处的阶层入手对人物做了深入细致的刻画。

这种社会学与文学的巧妙组合很好地展现了法国个体主义与个体之间的特殊辩证关系。这里,与其说法国的学者推崇抽象而普适的理论分析,倒不如说他们更倾向于既能"放之四海而皆准"又注重"具体问题具体分析"的双重思辨模式,至少从蒙田到普鲁斯特的一系列作品就都遵循了这个逻辑。他们的著述在表达普适主义情怀的同时加入了对法国国内社会现状的极度忧虑;不过,这种"民族志"的传统视角却经常受到本土主义、地方主义或社群主义的影响,从而与普适理念背道而驰。所以说,二者的辩证冲突是永恒存在的。而当今我们对欠缺普适性的恐惧使"社群主义"(communautarisme)成为了众矢之的。与之对应的还有个体的弱势,这种弱势表现在,个体为了迎合理性主义、国民意识等代表公民身份的普适价值,而舍弃其个人的独特性。然而,如果用解构的思路细致入微地考察每个族群及其自身的特征,那

---

① 沃尔夫·勒佩尼斯(Wolf Lepenies):《三种文化》(*Les Trois cultures*),巴黎:人文科学出版社,1990年(1985年第一版)。

么在这种思路的引导下所做的研究也必会伴有缺乏普适性的风险。可见,法国社会学的灵魂就在于两套逻辑的拼接:一套是以政治理念为出发点的普适性个体主义,而另一套则是植根于文学创作和描写市井生活的个体民族志。

所以,一方面就像涂尔干详加阐述的,个体主义是一种现代宗教,也是一种构建社会的普适准则。如果"个体主义信仰"以组织机构为中介,并能够避免因个人私欲而导致的社会解体,那么这种"信仰"就可能形成他所说的"自由式的依赖关系"(dépendance libératrice),①这也是一种理想的社会状态。无论是迫使少数族裔融入法国主流社会的政策导向,还是处处可见的法国式官僚主义作风,亦或是以社会运动为特征的公民政治生活,②在所有这些社会学关注的话题中,涂尔干颇具预见性的论断总能在各种流行的理论分析中找到用武之地。事实上,我们对社会体系的认知只是它最为抽象的部分,为了便于进行普适性的解读,其中具有独特性的基质(substratum)均已被剔除。

另一方面,对个体的解读同时还需要心理学和民族志的

---

① 埃米尔·涂尔干:《社会学与哲学》(*Sociologie et philosophie*),巴黎:法国大学出版社,1996年,第106页(1924年第一版)。

② 多米尼克·施纳贝尔(Dominique Schnapper):《公民社群》(*La Communauté des citoyens*),巴黎:伽利玛出版社,1994年;米歇尔·克罗齐耶(Michel Crozier):《科层现象》(*Le Phénomène bureaucratique*),巴黎:色伊出版社,1963年;阿兰·图海纳(Alain Touraine):《现代性的批判》(*Critique de la modernité*),巴黎:法亚尔出版社,1992年。

视角。这些视角能够借助对社会图景的描绘和对一系列"细节"的刻画,勾勒出"心灵"的样貌。从宫廷编年史学家圣西门和19世纪伟大的人文主义小说家巴尔扎克,到勒普莱开创、哈布瓦赫传承的生活处境研究,再到布尔迪厄对社会阶层分化规律的解析,①都可以让我们窥见这种视角的延续和深化。

其实,以上这两套研究逻辑总是此消彼长。与个体本身具有的特征或现代社会给人带来的危害相比,法国学界更担忧的是个体主义中重社群、重功利和重私欲的一面,因为学者们认为这些属性会妨碍社会的整合。类似的担忧不仅出现在与国家政治理念和公民社会相关的理论构架中,还生发于法国文化乃至文学名著所关注的个人体验里,这既涉及人物的心理斗争和情志状态,又涵盖他们的人生轨迹和身份角色。② 由此,"主张众生平等的价值理念"与"饱受诟病的个体主义",以及"个人内心的幸福感受"三者之间便打响了一场永无休止的"拉锯战",同时它们也成为了法国社会学界长期关注的研究主题。卢梭笔下细致入微却又充满矛盾的形象无疑就是这样诞生的。对他而言,公域中的"我"与私域中的

---

① 弗雷德里克·勒普莱(Frédéric Le Play):《美路嘉家族》(Les Mélouga),巴黎:纳唐出版社,1994年(1857年第一版);莫里斯·哈布瓦赫(Maurice Halbwachs):《工人阶层及其生活水平》(La Classe ouvrière et les niveaux de vie),巴黎:戈登和布里奇出版社,1970年(1912年第一版);皮埃尔·布尔迪厄:《区分》。

② 安娜·巴莱勒(Anne Barrère)、达尼罗·马尔图切利:《小说就是实验室》(Le Roman comme laboratoire),里尔:北方大学出版社,2009年。

"我"交替出现,前者在政治环境里代表切实存在的个体,后者则属于真实、快乐却总带点私心的自我,这两个"我"之间的矛盾冲突恰恰能够展现出个体的本质特征。①

应该说,作为一种研究视角,个体社会学并非直接脱胎于个体主义思想源流。实际上,这些形形色色的思想源流不仅包含大量难以厘清的冲突与争论,它们彼此之间还存在诸多借鉴与融合。即便如此,我们仍要明白,个体社会学的诞生离不开以上四国的文化本原,无论是个体行动者的价值观念亦或他们对事物的不同解读,还是学者们对现实社会问题的忧虑与思考,都能体现出这些文化本原的特质与差异。所以说,我们在分析个体问题的缘起时也需要参照不同民族的历史经验与不同时期的思想脉络。

---

① 此处参见让·斯塔罗宾斯基(Jean Starobinski)、让-雅克·卢梭(Jean-Jacques Rousseau):《公开与掩饰》(*La Transparence et l'Obstacle*),巴黎:伽利玛出版社,1994年(1971年第一版)。

第三章 个体社会学的理论构建

在法国,个体社会学不仅秉承了第一章讲述的个体主义经典理论,还吸收了不同国家的思想源流,并在此基础上形成了具有发展优势的诸多特色,对此我们将在本章详加介绍。虽然在学术界,跨国间的相互影响和交流借鉴越发精进,但法国个体社会学界凭借自身力量而取得的研究成果仍是有目共睹的,具体说来可归纳为如下几点:

1. 首先,所有的研究成果都离不开对社会发展进程的探讨。尽管不同的学者有着不同的关注点,但他们中间绝大多数人都承认,在20世纪的最后几十年里,一种全新形态的个体化已成为普遍趋势。虽然他们对具体现象的解读见仁见智,但从根本上来说,这一共识与贝克对"第二现代性"(seconde modernité)或吉登斯对"发达现代性"(modernité avancée)的阐述别无二致。不过,个体社会学的研究内容与20世纪60年代盛行的人际互动论还是有明显区别的。

2. 其次,大部分个体社会学作品都带有法国个体主义的特征,既试图体现理论的普适性,又意在对人际交往和人物情感进行具体而细致的描述,同时还不断尝试深入挖掘研究对象的内心世界及其身份意涵,这些特征都是此类作品的特色所在。

3. 再次,与英、德两国个体主义思想家撰写的散文式或理论性作品不同,法国个体社会学著作显然带有强烈的经验主义色彩,而且这种经验主义也是个体社会学这门分支学科的研究导向和学术规范。可以说,持制度化个体主义立场的学者与个体社会学学者之间的差异恰恰在于此,甚至这样的差异在他们对个体化进程的论述中都有所显现。正如我们在第一章中讲到的,贝克认为,现代性第二阶段所带来的一个重要转变就在于,社会的变迁更多的要通过个体的人生经历来呈现,而较少借由对群体或社会阶层的描述来阐释(因为从经验研究角度,群体中每个成员的人生经历都各有不同)。然而,贝克虽然明确地指出了这一转变,却从未在实际研究中真正对个体的经历展开分析。之所以产生这样一种缺憾,其中的一个原因也许来自于他惯用的研究方法:在英、德两国,那些创立个体化理论的巨匠大多倾向于思辨和演绎,而较少使用田野调查的方法。当然,他们也赞成在论述中加入对个别人物的描述,以便呈现个体化所造就的多样人生。但可惜的是,这些学者均未将此想法落到实处。其原因在于,尽管"个体化"一词在他们的著述中班班可考,但实际上每个个体身上的独特之处却极少得到发掘。

4. 与之不同的是,法国的个体社会学研究常常借助多种方法。该领域的学者往往会用比前人更加细腻的视角,考察社会结构与个体自我塑造之间的关系。虽然在他们的作品中包含着多个学科的内容,也不乏带有心理学倾向的探讨,但其实,精神领域的意识"黑洞"问题和个体的认知过程并不是这类作品关注的焦点。学者们真正关心的还是推动社会变迁与个体转变的三种有效方式。这三种方式包括:个体对社会的影响和社会对个体的影响,即传统意义上的两种方式;以及个体对自我的塑造,即现代意义上的第三种方式,也是最为重要的方式。

5. 个体社会学对个体的强调并不表示它只想在认识论领域进行拓展。与方法论个体主义明显不同的是,它在研究中首先关注的不是有意识的行为(而更多的是无意识的举动)。特别是在分析社会行动时,个体社会学总会关注到个体在其中发挥的作用。这种对行为起因或行为意图的研究离不开对个体自我塑造过程的考察,该过程要么是个体有意而为之,要么是自发形成的。如此一来,个体的成长经历就成为了个体社会学重点分析的对象。而针对个体行为是在过去发生还是在当下发生,是自发形成还是有意为之,是关乎人际层面还是社会层面,不同的研究视角往往会使学者们选用不同的研究方法。①

6. 在个体自我塑造的过程中,各种类型的冲突常被视为

---

① 菲利普·柯尔库夫:"个体性与新资本主义的矛盾"(Individualité et contradictions du néocapitalisme),《社会学 S》(*Sociologie S*),2006 年 10 月 22 日(网络版)。

研究的核心问题。但基于不同的角度,学者们对冲突的解读五花八门,有的认为它来源于纷繁复杂的规范体系,有的认为它出自个体在多重既定身份之间的转换,还有的认为它是社会生活对个体的考验。然而,这些视角有一个共性:它们都强调个体处在众多矛盾冲突之中,充满着纠结与困苦,这与齐美尔关于现代性的定见不谋而合。①

7. 最后作为上述几点的概括,我们可以说,个体社会学领域的学者都在倡导今后要从个体层面(或结合个体)来对社会现象进行解释。这种视角的转变要求我们尽可能地将社会维度与个体维度加以整合,从而打造出一套全新的理论体系;而实际上,这种转变似乎也直接来自于社会建构方式的历史性变革。于是,那些有别于或相悖于结构性视角的研究思路也开始加入社会学的学科构建,其中就包括从个体层面来分析多种多样的矛盾冲突。②

虽说在个体社会学领域,全部或大多数的研究著述都具备以上特征,但通过学者们的相互借鉴,新近发表的一些作品已开始逐渐形成差异明显的几类分析框架。其中,前两类关注的是个体多元化的社会融入方式,后两类则意在从另一

---

① 弗雷德里克·德·考南柯(Frédéric de Coninck):"远离自我:马克斯·韦伯与格奥尔格·齐美尔眼中的分裂个体及其当前的新意向"(À distance de soi-même. L'individu clivé vu par Max Weber et par Georg Simmel et son intérêt heuristique actuel),《探索》(Interrogations),2006年(网络版)。

② 乌尔里希·贝克:《风险社会》。

个角度对个体的自我塑造过程进行更深入的剖析。①

第一节 习惯与规则支配下的个体

从严格意义上讲，个体社会学的公开确立起始于与习惯和秉性有关的理论论述，而这些论述也开拓出一条全新的分析路径。与英语国家的思想源流明显不同，法国的个体社会学研究主要是对皮埃尔·布尔迪厄的批判性继承。② 虽然布尔迪厄在后期作品中从个体层面论述了"惯习"（habitus）的存在，但他的落脚点是：在某类社会阶层中形成的"惯习"能够使同一阶层的主体具有同质性。此后的一些社会学家也从他开创的这个概念出发，试图构建一个以个人习性为研究对象的社会学流派，借此重点探讨不同习惯之间的冲突，以及秉性和意识（自反性）之间的矛盾。布尔迪厄常根据社会赋予个人的既定角色来阐释个体的秉性怎样与其后天获得

---

① 这也包括近年来发表的许多其他著作，在下一章我们将会一一列举。要了解个体社会学发展史，请参见菲利普·柯尔库夫："个体性特征：从马克思到现代社会学"（Figures de l'individualité, de Marx aux sociologies contemporaines），《空间·时间.net》(espacestemps. net)，2005 年 7 月 12 日（网络版）。

② 想要了解这一思想源流的发展历史，请参见弗朗索瓦·赫兰（François Héran）："惯习的第二特性：社会学语境中的哲学传统与常识"（La seconde nature de l'habitus. Tradition philosophique et sens commun dans le langage sociologique），《法国社会学杂志》(Revue française de sociologie)，第 28 卷，第 3 期(1987)，第 395—416 页；若想了解英语国家的相关文献，请参见埃马纽埃尔·布尔迪厄（Emmanuel Bourdieu）：《专业知识》(Savoir faire)，巴黎：色伊出版社，1998 年。

或生来具有的社会地位产生联系，但与之相反，让-克洛德·考夫曼和伯纳德·拉伊尔却通过考察个体多种多样且充满矛盾的社会化过程对"惯习"理论进行了完善。

1. 让-克洛德·考夫曼：外化和内化的习惯

考夫曼在《自我》(*Ego*)一书中曾明确表示，他意在从两方面入手创建一套个体社会学理论：一方面，他不断驳斥有关独立个体的论述，另一方面，他又通过更加规范的研究方法从实际生活层面分析个体的形成机制。尤其是这第二项工作使他成为了出版界的明星，他所采用的写作笔法雅俗共赏，不仅广为大众欢迎，还受到了同行专家的一致好评。而且，考夫曼探讨的话题既浅显易懂又寓意深刻：有的涉及伴侣关系的形成过程，有的关乎家庭内部的矛盾争执和家务劳动中的快乐与烦恼，还有的则围绕言情故事的心理迷幻作用展开论述。

考夫曼的研究视角既具有时代感也带有批判性。其时代感体现在：由于社会角色变得越发多元化，所以他认为"现代性的第二阶段"给个体提供了一个自由发挥和探索的空间。而其批判性在于：考夫曼与埃利亚斯的立场相同，对一些理论假说抱持谨慎怀疑的态度，这些假说往往忽视个体在自我塑造中发挥的能动性，也不符合科学研究的操作规程。在考夫曼看来，这类理论脱离真实的社会发展史，仅用想象来刻画一个超脱于现实又带有抽象色彩的自我形象，如果对此不加以重新审视，便无法科学地认识个体。所以，他认为对个体的研究必须考察"其成长过程及其社会关系"。①

在当今社会，个体自主空间的扩大能够使其更加随心所欲地行动，但同时在不同个体之间构建协调统一的关系也成为亟待解决的问题。就此，考夫曼通过在天体海滩上的观察，对停留在女性裸胸上的男性目光进行了一番剖析，借此来论证这一观点。他指出，裸胸行为的出现说明人与人之间能够自发地达成一种微妙的默契。应该说，在此类露天场所探讨个体的自由问题，这种分析视角不仅颇具洞察力，也极具批判性。对个体来说，如何划清"正常"与"非正常"的界限已然成为认知的关键。有了这样的认知，个体才能融入天体海滩的文化之中。哪怕"袒胸露乳"只是人们头脑里的一种概念化想象而并未付诸行动，但这种公共意识依然可以看作大众共有的生活体验。② 总之，如果个体的社会行为不再像以前那样受既定身份的严格限制，那么作为行为者，他们就必须对新的行为规则进行重新探索。

不过，考夫曼最关注的问题还是伴侣关系及其中暗含的不稳定因素。实际上，亲密关系的构建过程恰好能够体现个体角色的嬗变。那么男女之间从何时起才可称为伴侣？是从第一次共度春宵之后的次日清晨，二人对彼此产生初步观

---

① 让-克洛德·考夫曼：《自我》，巴黎：纳唐出版社，2001年，第53页。
② 让-克洛德·考夫曼：《女人的身体，男人的目光》(*Corps de femmes, regards d'hommes*)，巴黎：纳唐出版社，1995年。

感(包括在细节中察觉两人不同的生活习惯)算起?① 还是从他们开始共同生活,或者从某个有纪念意义的时刻(比如为清洗两人的衣物而一起购买洗衣机的那一天)算起?② 所有的这些疑问都意味着,必须用另一种研究思路补足过去那些根据个体既定角色来描述社会生活的方法。

考夫曼对此的处理方式是将关注点聚焦于习惯的"外显化"(extériorisation)和"内在化"(internalisation)之间的辩证统一上。为此,他对其中每个构成元素都进行了细致的考察。概括地讲,考夫曼认为记忆是在个体外围逐渐累积而成的,它的外显化和客体化是个体自我塑造过程中的关键要素之一。实际上,习惯的传承不仅仅表现在个体的行为和意识中,还反映在其所生活的社会环境里。这就是为什么习惯会被界定为"通过个体的内化而对外呈现出来的行为模式"。所以,个体的形成就是一个不断"内在化"和"外显化"的过程。③ "习得的习惯性行为"与"社会的习惯性记忆"共同塑造了个体,不过二者的"记忆载入"和"记忆再现"方式并不相同:前者经由内在化来达成,后者则通过客

---

① 让-克洛德·考夫曼:《次日清晨》(*Premier matin*),巴黎:阿尔芒·科兰出版社,2002年。
② 让-克洛德·考夫曼:《伴侣关系的织造》(*La Trame conjugale*),巴黎:纳唐出版社,1992年。
③ 同时参见彼得·伯格(Peter Berger)、托马斯·卢克曼(Thomas Luckmann):《现实的社会构建》(*La Construction sociale de la réalité*),巴黎:阿尔芒·科兰出版社,2006年(1966年第一版)。

体化来实现。只有这两种形式的习惯在某一时刻同时出现,个体才能最终成型。然而,尽管个体不断地学习不同的行为模式,但由于其内在化过程逐渐变得庞杂,同时客体化行为模式也越发多元,所以两者之间的失衡问题往往会加剧。

而内在化过程,即一般情况下习惯"形成"的第二阶段,常常会表现为不同的两种形式:一种是连续不断、包罗万象、主动自觉的学习;另一种则是更加深入、更为持久、不知不觉且因人而异的感化。由于这些多种多样的习惯源于社会的复杂性,而这种复杂性又时常伴随着让个体苦恼不堪的矛盾冲突,所以习惯的多元化会带来心理上的焦虑与烦闷。不过,考夫曼在这里并没有引入"多重意识"这个解读矛盾冲突的心理学概念,而是仍然侧重于从历历可见的现象来探析这个问题。对他而言,在个体行为中,社会性的矛盾冲突是通过习惯来得以呈现的。诸多习得或内化的习惯往往会产生有意或无意的碰撞与摩擦,所以自发行为和自反行为之间是否存在明确的界限,这仍值得商榷。而对于个体化过程本身来说,如果个体所习得的不同行为模式缺乏耦合性,那么就会导致各种习惯之间出现矛盾冲突。

考夫曼在其成名作《伴侣关系的织造》一书中,就对这类矛盾冲突进行过细致的考察。书中阐述道:男性虽然意识到推进性别平等势在必行,但无法把它落实到行动中,这是因为他们所养成的习惯会使他们下意识地抵制惯有行为的改变,由此致使意愿和行动之间发生脱节。① 而考夫曼在研究夫妻冲突与争吵中也觉察到了这一点,这种在日常生活中困扰我们的小纷争正如"那些打破常规的举动,改变了由陈规旧俗累积而成的条件反射"。② 即便夫妻二人能在诸如"钥匙放在哪"这样的问题上达成一致,但偶尔的"健忘"还是会暴露出个体自发行为和固有意识的痕迹。夫妻关系的建立与磨合是家庭秩序逐渐形成的投射,任何一方都会在无意间成为该秩序的创建者,"如果没有既定的家规他们有时甚至无从行事"。③ 但就在一系列家庭秩序的创建过程中,不仅有二人世界的"温馨",还夹杂着夫妇间的冲突与争吵。如果说这种"温馨"的感受来自于熨烫平顺和折叠整齐的衣物,亦或是在厨房里摆放有序的锅碗瓢盆,那么二人的冲突与争吵则常常来自于其中一方打破这种秩序时所带来的杂乱。④ 可见,家务劳动便是一种个人风格的展现,它更像是人的"第二天性",不仅能够对自发行为严加约束,有时甚至还会违反个体的自主意愿。

在多种约束的限制下,每个个体作为行动者都会试图给

---

① 让-克洛德·考夫曼:《伴侣关系的织造》。
② 让-克洛德·考夫曼:《争执》(*Agacements*),巴黎:阿尔芒·科兰出版社,2007 年,第 43 页。
③ 让-克洛德·考夫曼:《伴侣关系的织造》,第 26—27 页
④ 让-克洛德·考夫曼:《家务的真义》(*Le Cœur à l'ouvrage*),巴黎:纳唐出版社,1997 年;《锅碗瓢盆、爱情与危机》(*Casseroles, amours et crises*),巴黎:阿尔芒·科兰出版社,2005 年。

自己定位,虽然这种尝试往往徒劳无功,但在不断进行自我整合的同时,他们的内在人格也会变得更加多样。由于这是一个发展演变的过程,所以自我定位就必然具有一定的一致性和连贯性。同时,因为个体的外在表现也带有反复多变的特征,这样又给该过程增添了某些不确定性和不稳定性。"自我定位的关键在于发掘与他人的差异。随后,才会进入自我整合的阶段,不过在后一个阶段,个体的积极性会大大减弱。"①但是,这个全然由主观意识决定的转变过程仍值得探究,其原因在于,自我定位显然是个体外在表现的一部分,虽然它明显具有局限性,但面对根深蒂固又被奉如圭臬的社会规范,这种对个人身份的界定恰恰证明了个体不仅拥有自由,还具备自我塑造的能力。

无论是在(不断革故鼎新的)反思过程中,还是在长期形成的(多元化和异质性的)行为模式上,亦或是在扮演不同的(社会)角色时,个体都具备无限的潜能。只有对这种大有可为的自我充满信念,个体才有可能将自己打造成为身份更加明确、言行更加一致的统一体。

---

① 让-克洛德·考夫曼:《自我的创建》(*L'Invention de soi*),巴黎:阿尔芒·科兰出版社,2004年,第196页。

由此,考夫曼认为,在观察个体时,既要分析其习得的行为模式,又要关注其行动和互动场景中隐含的社会规范。不过,在他有关行为动机的论述中,主要的研究对象还是个体无意识的、反射性的和自发式的应激行为。即便如此,相对于布尔迪厄的理论,考夫曼的论述仍有其创新之处。前者讨论最多的是如何将个人的"惯习"与其所在"场域"中的身份地位相互匹配,而后者则从多元化的情景中发现个体内心深处自然而然产生的纠结。在习以为常的生活中,这些纠结恰恰来自于不同行为动机之间的矛盾,以及行为动机的逻辑基础与个体主观意愿之间的张力。

2. 伯纳德·拉伊尔:个体性的惯习

在伯纳德·拉伊尔看来,个体是一些形色各异的研究对象,这种多样化的特质来自于千差万别的"压褶过程"(opérations de plissement)①和社会环境在每个个体身上的多重投射。换句话说,结构性因素在所有个体的内心深处都会留有各种痕迹。这就是为什么拉伊尔致力于研究形形色色的社会化过程,尤其是在个体形塑中发挥着显著作用的初级社会化和次级社会化。

拉伊尔认为,个体社会学的主要特征之一就是从深达个

---

① 可以参见吉尔·德勒兹(Gilles Deleuze):《压褶》(*Le Pli*),巴黎:子夜出版社,1988年。

体内心的微观层面来探查结构性的影响因素。所以,他的首要研究目标便是用细腻的笔法描述个体的社会化过程,并通过该过程了解个体如何在社会环境的影响下"培养"各类习惯性行为(包括行事方式、思考方式和体验方式等)。从拉伊尔的角度看,个体社会学一方面有必要抛弃对所有习惯性行为的臆想,认为这些行为必定是一成不变的,另一方面也应该对构成习惯性行为的行动模式和行动内容加以考察。

习惯性行为的形成原因是拉伊尔在研究中关注的重点。由于每个个体在多种社会化载体(家庭、学校、同辈群体、文教团体等)的影响下千差万别,因此在他看来,社会学也应该注重对社会化差异的考察。皮埃尔·布尔迪厄曾讲过,同一类社会阶层的"惯习"往往具有统一性和同质性,但拉伊尔的看法恰恰相反。他强调,因为习得的行为千差万别,有时还会在实际行动中出现自相矛盾的情况,所以个体内化而成的各种习惯性行为往往是不一致的。①

所以,每一种习惯性行为都与习得的方式(学校教育、文化传承)和行为培养的载体(学校、大众传媒等)息息相关,同时根据不同场景,它们之间也可以相互切换。这种特性不再是"惯习"所能简单概括的,另外个体也不会因为处在相同的社会环境中就必然产生完全一致的习惯性行为;恰恰相反,

---

① 伯纳德·拉伊尔:"自然禀性还是社会规划?"(Prédispositions naturelles ou dispositions sociales?),载于《社会学思想》(*Esprit sociologique*),巴黎:发现出版社,2005 年。

正是人与人之间存在的明显差异才使他们的行为具有多元化和多变性的特性。换句话说，在不同的社会化过程中，个体习得的多样化规范形成了他们的多样化行为。就这一点而言，要想了解个体如何在全新的环境中实践习以为常的行为习惯，那就应该从经验主义的角度加以研究，而不能再用理论假设的方法进行探讨。"多面人"(homme pluriel)正像社会系统本身一样，随着其内部的分化，不同习惯性行为之间的相互冲突会被逐渐掩盖，然而一旦个体在特定的场景中做出某种行为和反应，矛盾冲突就会显现，这一过程甚至不需要由意识来指挥。拉伊尔在最新出版的一部作品中说道：伴随着生活经历的日渐丰富，个体会习得越来越多的行为规范，与此同时，他们也要面对不计其数的生活场景，鉴于行动的需要，这些场景时时刻刻都在迫使个体对不同的习惯性行为进行协调整合。①

以往的许多著作都只限于提出疑问或者泛泛地推断家庭文化资本会代代相传。与之不同的是，拉伊尔所关心的是与代际传承相关的具体问题（包括代际间的接触交流、代际互动的时间跨度、文化实践的正统性）。最终，他描绘出了一系列的"家庭图景"(tableaux de famille)，并以此来展现在实际生活中代际间如何弘扬或舍弃原有的文化传统（例如，在

---

① 伯纳德·拉伊尔：《多面人》(*L'Homme pluriel*)，巴黎：纳唐出版社，1998年；阿尔芒·科兰出版社，2005年。

一个家庭中,父亲作为占有大部分文化资本的成员,能否与子女建立真诚、有效的互动关系,这会对代际文化传承产生影响)。[①] 不过,个体作为行动者的作用也不全是直接的。最关键的还是社会化的不同载体(如学校、同辈群体等),以及每个行动者或每种载体在社会化过程中的不同角色定位。所以,若要分析社会化过程,只关注个体与这些载体接触的时间长短是远远不够的,还应将行动者或社会化载体的"文化权威性"(légitimité culturelle)考虑在内(举例来说,同辈群体和学校教师对个体社会化过程的影响力就有强弱之分;另外,在一对文化程度不同的父母之间,也会因为文化权威性的差异而产生明显的分歧)。换句话说,拉伊尔不认为"惯习"具有同质性,也不关心文化与社会历史延续的特定模式,而是倾向于从"微观"层面用极尽细致的方式检验和观察社会化的过程,比如在一个家庭中,文化资本怎样在所有者(父母)和未来的继承者(子女)之间进行传递。[②]

在用社会学的笔触描绘一系列人物形象时,他的这一视角贯穿始终。[③] 由于所有个体都能够表现出多种多样的行为

[①] 伯纳德·拉伊尔:《家庭图景》(*Tableaux de familles*),巴黎:色伊出版社,伽利玛出版社,1995 年。

[②] 伯纳德·拉伊尔:"无缘无故"(Les raison de l'improbable),载于盖伊·文森特(Guy Vincent)编:《以育人为名的监狱式学校?》(*L'École prisonnière de la forme scolaire?*),里昂:里昂大学出版社,1994 年。

[③] 伯纳德·拉伊尔:《社会学人物志》(*Portraits sociologiques*),巴黎:纳唐出版社,2002 年。

方式，所以为了凸显这种多样性，就必须在研究中寻找行动者养成各种习惯性行为的成因。为此，细致地记录每个行动者、每种社会化载体和每类社会化环境在其中扮演的角色将十分必要。这不仅需要考察家庭形态、个人经历和文化类属，还应该在可能的情况下，借助有关人口特征的统计学信息对行动者进行统一的界定（最常使用的是收入水平和文化程度这类变量），以便更全面地展现各式各样的人际关系。出于这样的考虑，拉伊尔对个体进行了纵向的刻画，即通过追溯其人生轨迹，收集尽可能多的相关信息，对他们的社会化过程加以深度解读。我们可以从这种微观社会学层面的研究中发现，许多像社会阶层和家庭类型这样的社会化因素具有同等的影响力，而同时，在同一类社会阶层中也能观察到不同家庭类型的显著作用。透过这一角度可以看到，具有多样性与冲突性的社会化境遇远比同质化的成长过程更为常见。这就需要像以往的一些研究那样，在社会学的视域下重点考察不同个体之间的独特性。然而，鉴于各个社会阶层内部也都充满了异质性元素，所以拉伊尔并不主张从所属群体或社会出身的角度对个体特征展开更详细的描述。

在此之后，他的关注点又转向了文化实践这个问题。[①] 布尔迪厄在《区分》一书中提出，品位、社会阶层及其文化实

---

① 伯纳德·拉伊尔：《个体文化》（*La Culture des individus*），巴黎：发现出版社，2004 年。

践的雅俗程度之间存在一定的关联,而拉伊尔则借助《个体文化》中的论述,从批判的角度重新审视了这个论点。在他看来,"阳春白雪"与"下里巴人"的界限十分模糊,因为如果我们把高雅文化当成衡量标准,那么与身份格格不入的文化实践活动在各个社会阶层都极为普遍。拉伊尔借助在书中描绘的人物形象,证明了个体有能力游走于多个既定的文化区间,并可以参与复杂多变的文化实践活动。同时由于这些个体生活在喜好与品位混杂共存的消费社会中,特别是在大众娱乐文化扩张和小众精英文化萎缩的背景下,"牛骥同皂"的现象更是越发常见。

由于在青少年阶段个体会受到学校、父母和同辈群体的三重影响,因此这个成长阶段能够很好地展现社会化的复杂过程。此外,不同社会化载体之间的竞争刚好也可以对错综复杂的多元文化实践加以诠释。需要再次强调的是,高雅与庸俗并行不悖的文化实践在所有的社会阶层中都会出现。有一部关于"阶层叛变者"(transfuge de classe)的论著[1]曾提出,学校社会化与家庭社会化之间往往存在冲突,对于底层出身的儿童来说尤为明显。但拉伊尔认为,因为校园文化与其他的社会化内容并不总是相互排斥的,所以这种冲突也不应被无限放大。

---

[1] 让-皮埃尔·特拉耶(Jean-Pierre Terrail):《工人阶层的命运》(*Destins ouvriers*),巴黎:法国大学出版社,1990年。

作为总结，拉伊尔在新出版的著述中指出，虽然外部环境时时刻刻都在参与个体行为的塑造，但事实上，个体行为产生的主要原因还是来自于其以往的经历。他一方面主张个人行为取决于个人经历，另一方面又认为多变的外部环境使行为预测难上加难："行动者的行为理所当然受限于社会的约束，但我们无法像做化学实验那样轻易地对它做出断言。"①另外，随着外部环境的更迭，各种各样的习惯性行为也具有了更多的不确定性。从长远来看，不同行为间的自由转换将会使不同的社会场景越发近似，但这也有赖于个体的模仿、认知和实践能力。由此，个体要么接受内化于心的各种规范，要么尝试减少这些规范之间的差异（之前提到的"混杂"的文化实践活动就是指这种状态），但个体的形成并不是通过自我反思来实现的。只有社会化过程的复杂性和实践活动的多样性才能使他们成为"与众不同的个体"。

第二节 制度与规范支配下的个体

虽然在个体社会学界，不同的研究视角会产生不同的理论架构，但是学者们大都赞同乌尔里希·贝克提出的有关个体化的理论假设。该假设认为，在当今社会，个体实际上是

---

① 伯纳德·拉伊尔：《多面人》，第66页。

在一套组织制度的引导和感化下逐渐形成的。这类组织制度用某种特殊的手段强迫个体按照制度的要求来进行自我的塑造。然而,这样一种被动的个体化往往给个体带来诸多负面影响,至少在心理层面就是如此。最明显的例子是,作为行动者的个体囿于医疗卫生领域的新规范而不得不独立承担个人身体和健康上的风险。而且,有的规范还通过强化人们对外表的忧虑,来使他们更加主动地改造自己的身形和外貌,但这也往往会引发或加重诸如暴食症或厌食症这样的新型疾病。①

接下来我们要介绍的两位学者正是从不同的角度对以上问题做了探讨。首先,多米尼克·梅米(Dominique Memmi)借鉴了布尔迪厄的经验研究方法,并通过分析调查资料对福柯的"屈从"(assujettissement)和"主体化"(subjectivation)理论进行了拓展。②她着重阐释了"在制度、规范、观念、价值的框架下和在由权力、法律主导的社会关系里,以及在与体制

---

① 安东尼·吉登斯:《亲密关系的变革》(*La Transformation de l'intimité*),罗德兹:勒卢艾格/尚博出版社,2004年(1992年第一版);尼古拉斯·罗斯(Nikolas Rose):《支配灵魂》(*Gouverning the Soul*),伦敦:劳特利奇出版社,1990年;布莱恩·S.特纳(Brian S. Turner):《身体与社会》(*The Body and Society*),牛津:巴希尔·布莱克威尔出版社,1984年。

② 两位学者从众多社会学家那里汲取灵感,尤其是莫斯、埃利亚斯、布尔迪厄这几位大师,当然,对他们影响最大的无疑还是米歇尔·福柯的理论。

和法令的相互作用中,个体怎样与自我和他人相处"。① 梅米的研究向我们揭示了当代生命政治(biopolitique)以何种方式实现个体的塑造。而另一位学者阿兰·艾伦伯格(Alain Ehrenberg)则从全然不同的研究视角论述了一个与此相关的问题:在20世纪末的几十年间,理性思维和制度模式怎样使个体的主体性变得越来越具有群体性的意涵。

1. 多米尼克·梅米:用个体化语言管控社会

梅米所撰写的《管控生死》一书,源于她在诊所进行的一项关于生育、流产和紧急避孕服务现状的调查。通过访谈与观察,她发现在当前的社会中存在一种以"话语"为手段、以个体自身的行动力和掌控力为媒介的新型社会行为管控模式。她的这部作品旨在用批判的视角反思福柯的理论。后者曾提出,在18世纪末以君权为代表、以赦免权为标志的旧式生命管控模式("管控生死"一词很准确地概括了这一点)已转变为与民众卫生、饮食、安全相关的行政管理手段。由此衍生出能够左右人口生育与繁衍的"生命权力"(bio-pouvoir),这就是"管控生死"的本义。然而在梅米看来,权力机构现今对民众生命的管控实际上是通过另一种渠道来实现的。

---

① 迪迪埃·法桑(Didier Fassin)、多米尼克·梅米(Dominique Memmi):"生命统治与操作模式"(Le gouvernement de la vie, mode d'emploi),载于迪迪埃·法桑、多米尼克·梅米编:《身体统治》(Le Gouvernement des corps),巴黎:法国社会科学高等研究院出版社,2004年,第10页。

借此，她开始关注这种以个体为监控对象、由医务人员实施监控的新型管控策略。事实上，在其他公共领域，通过医疗服务进行大规模人口监管的办法也十分常见。[1] 由于这种监管办法需要个体的配合，尤其需要他们将自己历年来的健康信息提供给医疗机构，所以在监管的过程中最常使用的是话语控制，特别是借助"专家指导"（counselling）对个体的行为和意念施加"影响"。然而意想不到的是，"这种通过建立健康档案来实施监管的方式，却能让个体更加主动地加入被监管的行列"。[2]

应该说，福柯是梅米的灵感源泉，但实地调查又给予了她不少新的发现：例如医疗机构在履行监管任务时的半推半就，患者在接受管控时所表现出的灵活和圆滑，以及医生对行使管控权和建立健康档案的不积极态度。简言之，这些现象反映出理想中的治理思路与现实中的治理操作之间存在着错位。由此可见，为了详细描述社会生活的点点滴滴，只对（监狱、工厂、学校的）制度规范进行考察和对组织机构进行理论分析显然是不够的。在福柯的理论中，除了这样的缺憾之外还存在另外一个问题：由于医疗管控的经费来自于社

---

[1] 类似的表述见于迪迪埃·法桑编：《城市公共健康现状》（*Les Figures urbaines de la santé publique*），巴黎：发现出版社，1998年。

[2] 多米尼克·梅米：《管控生死——当今社会对生育与死亡的统制》（*Faire vivre et laisser mourir. Le gouvernement contemporain de la naissance et de la mort*），巴黎：发现出版社，2003年，第33页。

保机构，所以财政政策的影响也应是需要考虑的因素。为此，梅米对"免责罚式的经济监管"（surveillance économique sans punition）策略进行了分析。该策略就是通过提供或免除经济支持来对个体实施管控。所以从她的研究中就可以发现，当前政府采用的管控手段不再是明令禁止或实时监督那么简单，它其实是一套复杂精密的"制动程序"。

我们常会错误地以为，在福柯经久不衰的宏大理论面前，这种关注个体实际行动的经验研究只算得上"小巫见大巫"。可是，梅米却通过对社会现实状态的观察，将一种全新的人口监管模式呈现在众人面前。她在调查中发现，许多医生一方面在做大量的宣传教育工作，另一方面这些工作却收效甚微。比如，对于那些想要堕胎的孕妇来说，医务人员的教育引导往往改变不了她们原有的决定。于是，我们就会思考这样一个问题：面向社会的宣传教育工作到底能起到什么作用？在梅米看来，它的主要功能就是抑制个体的冲动情绪且调动他们的反思能力，从而使其进行自我控制。无独有偶，这恰巧也是埃利亚斯曾提到的推动文明进程的关键手段。不过，埃利亚斯关注的是某种自控方式如何在群体中产生并在社会上逐步推广，而梅米则更加侧重于探究一种新的管控办法，也就是人们怎样通过言语进行自我催眠。

在当今这个时代，个体似乎是由现代国家机器一手打造的：管理机构要求社会主体在塑造自我的过程中必须学会使用官方的语言体系,而那些为了打压越轨行为而采取的强制性法律惩处手段则"退居次位"。可见,行为上的管制不再是重点,潜移默化的语言操控才是使主体乐于接受管制的关键。在这种情形下,人们所拥有的自由就是可以随时随地地使用那些学来的官方说辞……于是,对身体的管控就转变为对言语的支配。①

如果说人们必须严格遵守制度规范和医患交流的规程,那么语言管控也只有在诊疗的时候才能派得上用场,因为除了有病求医之外,普通人对医生是唯恐避之不及的。所以,借由医疗服务而实施的人口管控会具有越来越多的随机性。② 这样一来,医疗机构在试图与服务对象进行沟通时便遇到了一个问题:服务对象本身就具备自控和反思能力。所以,医疗机构与服务对象之间便建立起了一种相互博弈的关系,但在博弈的背后隐藏着一个事实:对于以中产阶级和妇女为代表的某些社会群体来说,"语言操控"的办法相当适用。伊萨贝尔·阿斯缇耶就认为,语言操控能使领取失业救

---

① 多米尼克·梅米:《管控生死——当今社会对生育与死亡的统制》,第133页。梅米特此强调了这一点。
② 多米尼克·梅米:"一个敏感领域的管理:理性行为与有关生死的健康教育"(Administrer une matière sensible. Conduites raisonnables et pédagogie par corps autour de la naissance et de la mort),载于迪迪埃·法桑、多米尼克·梅米编:《身体统治》,第146页。

济金的底层人群获益,因为这不仅让他们学会了连贯地讲述自己的经历和生活现状,还能使他们跳脱个人利益而对公共事业和社会问题进行反思。① 于是,与医务人员的交流就能够"将个体的个人问题延伸到具有典型性和普遍性的社会问题上来,同时作为一种合乎法理的行动和社会参与的途径,这样的交流还可以'凸显'个体的地位,并提升他们行使权利的能力"(第 127 页)。

在一个世俗化的社会中,伴随着医疗技术的日新月异,人们对身体的改造不再遥不可及(如医学美容、身体塑形、变性手术等),而与此同时,如何制定与之相关的法律规范,这又是梅米关注的另一个问题。怎样构建合乎礼法的身体伦理?② 谁来订立相关的准则?事实是,这些规范往往由一群人伦领域的专家学者来制定,他们更像是"哲学"层面的思辨者,作为知识界的权威和道德的标尺,他们必须与一切特定文化环境中的道德观念(如宗教领域或哲学派别的道德观)保持距离,同时还要围绕如何对待身体和如何使用身体建立一套普适准则。于是,一种新的观念培养机制就形成了。该

---

① 伊萨贝尔·阿斯缇耶(Isabelle Astier):"从讲述个人生活到讲述民间社会:自尊的重塑?"(Du récit privé au récit civil: la construction d'une nouvelle dignité?),《社会与政治关系-国际社群行动研究》(Lien social et politique-RIAC),第 34 期(1995),第 121—130 页。

② 多米尼克·梅米:《身体的护卫——生物伦理学统治下的十年》(Les Gardiens du corps. Dix ans de magistère bioéthique),巴黎:法国社会科学高等研究院出版社,1996 年,第 11 页。

机制旨在用"思辨"的形式确立道德规范,但不用硬性的手段推广道德规范。从这个意义上讲,如何落实一项"禁令"就成为了技术性的工作。它往往通过认可或否定个体的行为,甚至是模棱两可、莫衷一是的表述来发挥其影响力。

虽然这样的身体管控方式带有某些局限和缺点,尤其是医务人员也常常对此工作缺乏热情,但随着管控办法的落实,一个颇具颠覆性的结果也由此产生:因为单凭技术手段往往无法达成管控的目的,其间还须有每个管控对象的配合,所以这种管控手段实际上间接地推动了个体化的进程。由于未来医疗服务的落实要征求每个个体的意见,而制度规约的制定也须得到每个个体的首肯,所以管控的目标人群就不再是广义的大众或居民,而变成了所有具体的个人。

> 对生物独特性(bio-individuation)的识别是一种个体化的行为管控手段:这种管控手段乐于将合理的支配权拱手交予个体,并允许他们进行自我打理(这里指身体方面的调理或改造),而个体则要亲自对其未来的健康状况做出量化评估和风险预测,同时还要计算出调理或改造身体所需要的支出。①

---

① 多米尼克·梅米:《管控生死——当今社会对生育与死亡的统制》,第292—293页。

作为行动者,个体的参与在管控的实施过程中不可或缺,其中既要有"语言的复刻"又要有"行动的配合":如此一来,个体在遵从各种规则的同时,也能以主体的身份实现自我塑造。

2. 阿兰·艾伦伯格:个体崇拜

在社会学界,阿兰·艾伦伯格是一位特立独行的学者。一方面,他曾明确表示自己意在构建的是一套个体主义社会学理论,而不是个体社会学理论;另一方面,由于他不喜欢直接以实证研究为基础展开论述,所以他的作品往往自出机杼又标新立异。既然如此,那么为何我们还要在《个体社会学》的章节中介绍他的论著?其中的原因就在于,纵贯法国当代社会学的著述,若从制度与规范的角度对个体化问题进行分析,目前还无人能与艾伦伯格媲美。

根据他的观察,一种新的社会规范正在形成。这种规范使得禁锢个体的道德律令逐渐弱化,而促使人们争先恐后、追求功名的潜在规则却在加强。在这样一种名缰利锁、趋之若鹜的群体行动中,个体变得不知所措,又由于以往的行为规范荡然无存,所以他们只好各自寻找新的参照。而令人始料不及的是,艾伦伯格之后的论述借用了神经科学领域的理论,这些理论以那些脱离社会与制度的个体为对象,有理有据地解释了"个体主义"价值观的存在原因。[1]

同时他还认为,行为标准的缺失(除了追求功名的潜在规则之外)意味着社会规范开始以全新的模式发挥作用,于是,个体便不得不在其中追寻自我,也不得不对自我负责。最终,他们必须通过增强自我控制力和心理承受力来适应环境。从这个意义上讲,个体所需要的不再是纪律性和服从性,而是更多的灵活性和变通性,这样才能迎合当今体坛和商界所营造出的那种竞相角逐、崇尚功名的氛围。这种氛围侵染着社会生活的方方面面,它使个体陷入了"企望追求自我却难以达成愿望"的思维怪圈。由此,心理的苦闷与身体的倦怠随之而来。

在像法国这样的共和制国家,公共事务有赖于每个公民的高效参与,所以制度对个体的要求和个体本身的素质之间存在着明显的冲突。而这种冲突的一个集中表现就是毒品滥用的问题,它是"自我解放的社会风气与自我约束的制度要求这一对相互矛盾的组合"[2]在吸毒人员身上的投射。倘若社会将他们视为公民,那么其本人必须履行的权利与义务,或他人需要代理的事项就成了医疗卫生政策必须厘清的

---

[1] 阿兰·艾伦伯格:"'社会'的大脑:认识论空想与社会学真理"(Le cerveau "social", Chimère épistémologique et vérité sociologique),《思想》(*Esprit*),2008 年 1 月,第 79—103 页。

[2] 阿兰·艾伦伯格:《迷茫的个体》(*L'individu incertain*),巴黎:卡尔曼-列维出版社,1995 年,第 42 页。

难题。但实际上，社会管控的目的十分明确，就是要严格禁止毒品的买卖、帮助吸毒人员戒除毒瘾，同时从源头上杜绝毒品的泛滥，这样才能保证公民在自主自愿、意识清醒、身心健康的情况下参与公共事务。

然而，除了滥用药物导致的精神问题之外，个体自身还有可能患上诸如神经官能症和抑郁症这类心理疾病。在艾伦伯格看来，只有通过对第二类问题的分析，我们才能更好地理解社会规范的演变过程。就拿抑郁症来说，如今它已成为一种观察社会、剖析社会的工具：该病症的出现反映了今天的个体时时刻刻都在探索如何"抵御现代生活和情感缺失所带来的精神倦怠"。[①] 从社会学的视角来看，抑郁症的病因不在于"超我"对社会规范的遵从和对自身行为的管控，也不在于集体的律例对个体的打压。恰恰相反，那些督促个体精进不休、百尺竿头的软性激励机制才是引发抑郁症的"导火线"。恰恰是这种力求完美、卓尔不群的理想，才给人们带来了不同程度的心理疲劳、机能衰减和神经功能紊乱。从这个意义上讲，抑郁症是一种"民主化制度和个体化规范"的产物。在这种制度规范下，个体必须成为自己的主人与自己的神明，但事实上，他们"厌倦其所拥有的权力"，也不愿成为"追求尽善尽美却最终徒劳无功"的囚徒。所以，与制度规范

[①] 阿兰·艾伦伯格：《身心俱疲的自我》(*La fatigue d'être soi*)，巴黎：奥迪勒·雅可比出版社，1998年，第52页。

的要求相比,现实中的他们实际是脆弱不堪的(《身心俱疲的自我》,第 147 页)。于是,伴随着疲惫、压抑、焦虑、彷徨,抑郁症就这样成为了一个社会的"流行病"。在这个社会中,制度规范的推行不再依赖于人的愧疚感和纪律性,而要诉之于他们的责任感和自主性。同时,由于个体还需遵从各种不同的规约和准则,所以他们常常感到心力交瘁;并且在他人面前,许多事情宁可"做不好"也不能"做不到",否则个体便会受到周遭的轻慢与非议。可见,"我们对抑郁症患者的研究要从其主观能力的角度出发,而不能从其客观权利的角度考察"(同上书,第 236 页)。应该说,新的社会规范与制度要求造就了胜利者与失意者这两种相互对立的角色,而它们也只是个体在自我塑造的过程中所表现出的正反两个面向。① 新的社会规范使个体内心中原有的"超我"销声匿迹,正因为此,他们便无法再用那个"超我"来排解其人生中难以避免的心理压力或低落情绪:这就是一种自我价值崩塌的无力感。

如果说这种新的社会规范令个体疲惫不堪,那是因为个体从此要背负无法估量的责任,而这些责任恰恰来自于摇摆不定、朝令夕改的外部环境。在心理压力无以复加的情况下,为数众多的个体便开始用药物来缓解情绪。② 但紧接着,

---

① 阿兰·艾伦伯格:《身心俱疲的自我》,第 249 页;阿兰·艾伦伯格:《迷茫的个体》,第 18 页。

② 阿兰·艾伦伯格:《成就崇拜》(Le Culte de la performance),巴黎:卡尔曼-列维出版社,1991 年,第 175 页。

药物依赖征候群又随之出现。不过,这种药物依赖对个体而言可以说是一种松解,对社会而言则多少又是合理合法、可被接受的。自此,通过长期使用药物,诸多个体逐渐聚合成为具有不同心理状态的群体:其中有较为严重的"瘾君子",他们用美沙酮代替海洛因,以"问题个体"的身份过活(这样一来,他们至少可以借助替代药物来抑制对毒品的精神依赖,从而过上"正常人"的生活);当然还有看似健康的"普通人",他们通常在对自己感到失望时就会诉诸药物的疏解作用,借此控制负面情绪,这对他们来说确实是一种减少焦虑、提升活力的方法。

第三节 他人扶助下的个体

很早以前,社会学界就开始探讨他人对个体的塑造作用。乔治·赫伯特·米德就曾指出,"他我"(Soi)的构建是一步步实现的。该过程的最初阶段必然是接受他人对自己的看法。"作为'他我'或'个体',一个人必须间接地、逐渐地形成自我体验,也就是只有先把自己当成'客体',才能在此后成为自己的主人。当然,也只有在个体重视别人对自己的态度时,才会变为'客体'。"[①]在随后的第二个阶段,"客我"(Moi)

---

① 乔治·赫伯特·米德(George Herbert Mead):《意识、自我与社会》(*L'Esprit, le Soi et la Société*),巴黎:法国大学出版社,1963年(1934年第一版)。

开始从"他我"中分化出来,它是别人眼中的"他我"和相对独立的"主我"(Je)所共同形成的统一体。不过,就像查尔斯·泰勒所说的,即便是"主我"也无法与他人划清界限:

> 我对自己的认识过程并不是由我独立完成的,而是通过与他人的语言交流或心灵沟通来实现的。而我对自身的界定实际上取决于我与他人建立的互动关系。

此后,虽然阿克塞尔·霍耐特的研究①同样让社会学界意识到,个体的塑造过程离不开他人的观感与肯定,但可惜的是,除了身份社会学对此有过关注之外,其他领域的学者并未继续探究这一问题。而继米德之后,彼得·伯格和托马斯·卢克曼又提出了"重要他者"(Autrui significatif)的概念。② 他们所指的"重要他者"就是那些在相互交流中给予"他我"支持和关爱的人,同时,这样的人也能够左右"他我"对自身和社会的观感。在米德的理论中,"重要他者"在童年期起着决定性的作用,但在之后的成长阶段便会被"象征性的他者"(Autrui généralisé)所取代,后者指的是一种抽象的

---

① 阿克塞尔·霍耐特:《对社会认同的抗争》(*La Lutte pour la reconnaissance*),巴黎:瑟夫出版社,2000年(1992年第一版)。

② 彼得·伯格、托马斯·卢克曼:《现实的社会构建》。

外部影响因素。就以孩子的成长为例,他们之所以慢慢学会遵守规则,并不是因为他们服从于父母的要求,而是因为在他们眼中规则已然(以抽象化、概念化的方式)客观存在。因此米德认为,成功的社会化恰恰需要经历这一过程。

弗朗索瓦·德·桑格利:角色的联结

20世纪60年代,彼得·伯格与汉斯弗雷德·凯尔纳对"重要他者"理论做了修正,他们认为这类人对个体的影响力可以持续终生。[①] 其中,最能代表"重要他者"的就是人生伴侣,即与个体分享日常琐事、喜怒哀乐和困惑疑虑的对象。通常,个体在进行自我身份的界定时,不仅需要客观的凭证(如是否已婚、是否处于民事互助契约[②]中、拥有哪类文凭、达到何种职级),还必须有他人的认可,如此一来个体才能树立自信。从这个意义上讲,个体若要明确自己的身份,仅有以上这些外在的"凭证"仍是不够的,更为关键的是他人的评判和接纳。

弗朗索瓦·德·桑格利也持有相同的观点。他对家庭

---

① 彼得·伯格、汉斯弗雷德·凯尔纳(Hansfried Kellner):"婚姻与现实的社会构建"(Le mariage et la construction sociale de la réalité),见于彼得·伯格、托马斯·卢克曼:《现实的社会构建》,第307—334页。
② "民事互助契约"(pacs)是一种婚姻制度之外的合同化同居方式,它所面向的既有不愿意结婚的异性伴侣,又包括想要结婚但缺乏法律依据的同性伴侣(在2013年5月18日法国同性婚姻合法化前)。——译者

的研究正是要考察家庭成员如何扮演"重要他者"的角色。为了探究情感因素在个体身份构建中发挥的作用,他一方面植根于对历史文献的参阅,另一方面也致力于对社会现实的调查。在他看来,人们常常错误地以为18世纪的启蒙思想是西方个体主义的源头。事实上,早在12世纪,身为贵族的有夫之妇就已经能够以个人的魅力从宫廷情爱中获取来自其他男性的关注,而这种关注与传统意义上的身份界定大相径庭。可以说,她们与丈夫建立的婚姻关系往往与家族的经济实力和社会地位有关。但她们与情人之间产生的爱慕是基于个人品质,而不是她们的家世背景。桑格利借用这个例子证明,"个人身份"(identité personnelle)(由"主我"所代表)和"社会身份"(identité statutaire)("他我"中带有"主我"意识的部分,更确切地说就是一个人所扮演的社会角色)全然不同。

在个体主义大行其道的社会,人们崇尚的就是展现本我,所以"个人身份"更受青睐,但与此同时,个体对"重要他者"的依赖也延伸至人生的各个阶段,而不再仅限于童年时期。作为能够与个体中的"他我"畅谈人生,甚至休戚与共的角色,配偶或其他"重要他者"如何认可和接纳个体,这是桑格利下一步研究的问题。在他看来,这种认可和接纳的过程至少涉及两个层面:其一是他们从主观上对个体的认可,其二是他们对个体"个人身份"的认可,而该身份恰恰是个体想要通过自身努力而塑造出来的。桑格利在研究中对这两个层面均进行了分析。① 按照这一思路,夫妻一方企望打拼事业,而另一方就可能全力协助,就像希金斯(Higgins)教授改造原本想做一名卖花女的伊莉莎一样。② 但如果伴侣之间无意于追求至高无上的社会身份,那么他们往往最向往拥有一个善于倾听且可以倾诉的对象。就像伊萨贝尔·克莱尔在书中提到的,"在所有访谈中,郊区的情侣们最常说的一句话就是'咱们来聊聊天吧'"。③ 由于分居两地,这些生活并不富足的小两口宁可花时间在深夜"煲电话粥",也要与对方共度一段"互诉衷肠的时光"。

实际上,在个体化的进程中存在两种截然相反的诉求,这使得"他我"与"重要他者"之间的关系不断变化:一方面,"他我"在构建"个人身份"时需要"重要他者"的扶助;另一方面,在某位或某些"重要他者"面前,"他我"也想要表现自身的独立性。于是就有了这两类诉求之间持续不断的矛盾冲突。桑格利对夫妻间解决这种矛盾冲突的方式做了描述:他们一边想要维护"二人世界",一边又试图在婚姻生活里保留

---

① 弗朗索瓦·德·桑格利:《自我、伴侣与家庭》(*Le soi, le couple et la famille*),巴黎:阿尔芒·科兰出版社,2016年(1996年第一版)。

② 乔治·萧伯纳(George Bernard Shaw):《皮格马利翁(卖花女)》(*Pygmalion*),1914年。实际上,希金斯教授对伊丽莎的帮助是将自己的意图强加在伊莉莎的身上。

③ 伊萨贝尔·克莱尔(Isabelle Clair):《城市郊区的青年与爱情》(*Les jeunes et l'amour dans les cités*),巴黎:阿尔芒·科兰出版社,2008年,第238页。

属于自己的"个人空间";①同时作为个体,他们也在摸索既能够使另一半欣赏自己又可以让社会接纳自己的平衡点。除此之外,桑格利还对青少年的成长过程进行过解析。他发现,在这一过程中,青少年在社交规则与思想观念的驱使下,对父母的一部分依赖性逐渐减弱。② 这种"渐行渐远"的状态易产生两代人之间的抵牾,尤其是在学业的问题上这种抵牾往往更加明显,其原因在于青少年已学会以"客我"来对付父母的唠叨,而他们的"主我"却极少参与(应该说"尽可能少地参与")家庭中的代际互动,后者更喜欢把全部精力放在与同辈群体的交往上。

在青春叛逆期,对于许多青少年来说,父母不再是唯一的"重要他者"。可见,作为现代性的标志,个体化的过程(即个体获得解放的方式)意味着行动者能够从自身意愿出发,为了开阔眼界、结交友人而脱离原本他们所归属的血亲或非血亲关系。毫无疑问,随着时间的推移,这些原本牢固的关系会越来越经不起考验,最后甚至分崩离析或情薄疏远。这在不断上升的离婚率中也有所体现:之所以夫妻一方(往往是女方)不顾一切地想要分手,往往是因为婚姻关系有碍其个人的发展,或者是由于另一半无法给予自己足够的情感支

---

① 弗朗索瓦·德·桑格利:《共同自由》(*Libres ensemble*),巴黎:阿尔芒·科兰出版社,2000年。
② 弗朗索瓦·德·桑格利:《自生青少年》。

持,也没有能力再继续扮演"重要他者"角色。①

在桑格利看来,对个人价值的追求能够展现个体的存在感,这不仅会影响私人生活,还会波及公共领域。在现代性的第一阶段,个体主义对独特性的推崇还只停留在私域空间的范围内,而到了现代性的第二阶段,它便转化为更加抽象的个体主义。这种转变使私人生活和公共生活的界线不再清晰,由此,个体不仅要扮演他所承担的社会角色,还要同时向社会展现其个人特质。在某些情况下,为了履行社会生活的义务,②这种双重角色的杂糅会导致"私人生活的专制"(tyrannies de l'intimité),③也就是说,个体不得不将隐私和一部分"主我"公诸于众;但从另一个角度来看,这又能让人们更全面地认识个体且更充分地尊重个体。比如,在医生面前,患者的角色便开始有所改变。他们以往只能被动地接受诊治,如今却可以参与治疗方案的制定。④ 此外,这种私人生活与公共领域的交叠和个人身份的不可或缺还包含着一丝暧昧和矛盾的意味,这一点在与失业救济金申请者的面谈中就有所体现⑤:这些申请者一方面必须显露出穷困潦倒的样

---

① 弗朗索瓦·德·桑格利:《离婚妇女:经历分手》(*Séparée. Vivre l'expérience de la rupture*),巴黎:阿尔芒·科兰出版社,2011年。

② 塞尔日·蒂斯罗(Serge Tisseron):《过度曝光的私人生活》(*L'Intimité sur exposée*),巴黎:阿歇特出版社,2002年。

③ 理查德·桑内特:《私人生活的专制》。

④ 弗朗索瓦·德·桑格利:《个体主义即人道主义》。

⑤ 伊萨贝尔·阿斯缇耶:《从讲述个人生活到讲述民间社会:自尊的重塑?》。

子,另一方面又要展现出自己仍然可以再就业的潜力。可见,我们不能简单地认为,当前的世界正面临社会的全面解体或个体的"日渐孤立",否则就会太过于关注单一的政策效用和抽象的公民概念,而忽略了人们的情感联结和人际交往在日常生活中的重要作用。如今,个体往往不喜欢被冠以"大家"或"集体"的名号而舍弃自身独有的特性。他们更青睐那些允许他们我行我素的社会关系。当然,对个体来说,在他们与"重要他者"渐行渐远时,或者当他们不再被看作"重要他者"时,内心产生的痛苦总会在所难免,但同时这也恰恰表明,"形单影只"和"无依无靠"并不是个体的代名词。

总之,"只有相互关联的个体特征和由个体构成的关系属性同时发生作用",[①]以上提到的个体化才有可能实现。从这个意义上讲,在个体所构建的关系网络中,最重要的不在于社交对象的数量和每个社交对象的独特性,而在于这些关系网络的组织结构,以及在建立社会关系时,个体怎样将"一面之缘"转变为"莫逆之交"。这种关系的转变须有两个必要条件:一是在自我意愿或协议契约的基础上不断强化人与人之间的私人感情,二是在以法律关系为代表的正式接触之外建立某种彼此相互欣赏的情谊。这两个条件都是独立个体及其身份构建过程中的关键要素。所以,个体主义的内核就

---

① 弗朗索瓦·德·桑格利:《不分彼此》(*Les Uns avec les autres*),巴黎:阿尔芒·科兰出版社,2003年,第10页。

在于：个体可以凭借自己的力量摆脱其原先从属的群体，这样他们就能探索外面的世界或者重新界定这些原有的关系。

第四节　久经磨练的个体

近些年来，"磨练"（épreuve）一词越来越为法国人所熟知，但实际上很久以前它就已经出现在人文社会科学的著述中。① 由于行动者所经历的磨砺与锤炼能够在个人遇到困难，乃至社会陷入困局之时形成他与社会系统的独特联结，所以对于个体社会学而言，"磨练"完全可以成为一个重要的研究切入点。② 尽管萨特对人生历练的论述言文行远，但在同领域的研究中最有建树的还要属查尔斯·赖特·米尔斯。③ 我们这里所说的"磨练"是一个理论概念，它能把个体的遭遇与导致这种遭遇产生、发展的结构性因素联系起来。

---

① 在法国，布鲁诺·拉图尔（Bruno Latour）和吕克·博尔坦斯基（Luc Boltanski）是该领域最具名望的两位学者。前者致力于探讨权力关系，后者更关注辩护行为。参见布鲁诺·拉图尔：《巴斯德的实验室：细菌的战争与和平》（*Pasteur: guerre et paix des microbes*），巴黎：发现出版社，2001年；吕克·博尔坦斯基（Luc Boltanski）、罗朗·戴福诺（Laurent Thévenot）：《论辩护》（*De la justification*），巴黎：伽利玛出版社，1991年；吕克·博尔坦斯基、夏娃·夏佩罗（Ève Chiapello）：《新资本主义精神》（*Le Nouvel Esprit du capitalisme*），巴黎：伽利玛出版社，1999年。

② 阿兰·图海纳（Alain Touraine）："看不到社会的社会学"（Une sociologie sans société），《法国社会学杂志》（*Revue française de sociologie*），第22期（1981），第3—13页。

③ 查尔斯·赖特·米尔斯（Charles Wright Mills）：《社会学的想象力》（*L'Imagination sociologique*），巴黎：发现出版社，1997年（1959年第一版）。

于是我们可以用这样一句话准确、简洁地对此概念进行表述:通过研究行动者经历的艰难困苦来理解造成这一局面的社会机制。本节正意在从细节上描述行动者必须面对的种种"磨练"和挑战,同时分析这些"磨练"和挑战如何将个体与社会联系起来。以下两位学者就对个体在"磨练"中克服困难、勇于尝试的方式进行了一番研究。

1. 弗朗索瓦·杜贝:经验即"磨练"

第一类观点认为,所有个体都生活在长年累月的磨砺中,也就是弗朗索瓦·杜贝所说的"经验",它体现在行动者对三种行动逻辑(整合逻辑、主观化逻辑和策略逻辑)的归并和联结中。[①] 随着社会行动准则的逐步解体,个体不得不制定一整套个人化的规范。首先,他需要归属于某个团体(整合逻辑);其次,在遵守各种社会契约的同时捍卫个人利益(策略逻辑);再次,个体还要有自己独有的辨识和判断力(主观化逻辑)。当出现社会剧变的时候,社会系统已无法为个体行动提供一系列的参照。所以,社会行动逻辑的分崩离析迫使每个个体不得不通过主动地积累经验而进行自我的塑造。杜贝的研究涉及两个维度:一是历史学维度,即现代社会中行动准则的解体;二是人类学维度,即个体必须不断地

---

① 弗朗索瓦·杜贝:《经验社会学》(*Sociologie de l'expérience*),巴黎:色伊出版社,1994年。

将碎片化的行动逻辑整合起来,以便构建协调一致的经验体系。

为了检验这一理论,杜贝对学生的在校生活进行了重点考察。① 由于学校并不是单纯的知识传授机构(它还是积累社会经验的场所),所以对学生来说,校园经历绝不是"一心只读圣贤书"那么简单,它其实受到上述三种行动逻辑的共同影响。在学校,学生们既要融入群体,又得"互争雄长",还必须在这样的成长过程中形成自己的认知判断。面对这些碎片化的逻辑,每个学生都不得不将这三个要素按优先次序进行排列组合,从而构建自己的经验体系。

为此,中学生往往会用"爱面子""装样子"的方式减少三种行动逻辑之间的分隔与冲突。之所以这么做,是因为他们既想表现得和其他人一样,又想成为独立的个体。因此,这些学生借助以假乱真的掩饰,暂时为自己争取一片"缓冲带",以便将来再慢慢实现个性的塑造。对初中生而言,"爱面子"能够减少校园经历的复杂性与碎片化。举例来说,在具有强大凝聚力的同辈群体中,面子可以用来保护真实的自我,同时又不必违反小团体的规约。在面对考试时也是同样,虽然学生们的成绩起起伏伏(尤其是在分数不理想、考试发挥失利、怀疑自己的学习能力时),但他们看起来都淡然自

---

① 弗朗索瓦·杜贝:《中学生》(*Les Lycéens*),巴黎:色伊出版社,1991年;弗朗索瓦·杜贝、达尼罗·马尔图切利:《校园生活》(*À l'école*),巴黎:色伊出版社,1996年。

若,那是因为面子充分掩盖了他们内心的烦闷与焦虑。

另外,不同行动逻辑之间的冲突感越强烈,个体对环境和自我的掌控力就越弱。甚至在某些场景中,"爱面子"就会演变成"装样子"。例如,对于一些中产阶级学校的差生来说,他们既不可能逃离那些将他们贬低到一无是处的公立学校,又没有条件进入教学质量较好的私立学校,加之他们的父母为了实现下一代的阶层流动也极其关注子女的学习成绩,所以这些学生只好长时间地扮演表里不一的多重角色。另外,对于出身底层的初中生而言,由于在他们的生活经验中,学校和同辈群体会对其产生迥然不同的影响,因此他们也更容易经历这种分裂的学生生活。之所以在老师面前一个样,在同伴面前另一个样,就是因为个体在与这两类群体互动时,必须有截然不同的行为表现,如此一来,他们就塑造出泾渭分明的两种人格——"笨蛋"和"混混"。

此后,杜贝在研究主体的社会化过程时,又进一步对以上理论做了阐述。他认为,在传统社会中,教书育人带有神圣的使命感,也正是这样的普适价值使每位教职人员都拥有崇高的身份地位,但如今这种以教会为象征的旧式教育时代几近终结。其原因在于,过去的几十年中,全新的社会化场域逐步形成,在这一场域中,教师的"神圣使命"不复存在,取而代之的是"职业分工"带来的责任与义务。所以,教育工作就变成了一项开创性、变革性的活动,而不像以前那样只给人灌输魅惑性的思想。同时,它在对待个体以往的经验时,也倾向于因人而异、因势利导,而不再秉持一成不变的统一标准。简言之,旧式的教育制度逐渐被"培养人才的经验体系"①所取代。而关于旧式教育制度的衰落,杜贝也进行了一以贯之的描述,不过除此之外,他还观察到经验体系中的一种多元化取向。在这些经验体系中,不仅包括最为普通的日常体验,也涵盖最不寻常的意外经历。所以说,针对教书育人这项工作,虽然在小学阶段,制度规范能够凭借教师的影响力发挥作用,但这种作用会伴随着其他教育元素(如中学教师、继续教育工作者、护理人员、社会工作者,特别是社会监察员)的参与而逐渐淡化。作为行动者的教育工作者不得不借助与教育对象培养感情、拉近关系的办法完成他们的育人任务。这样一来就会催生出各种矛盾(例如,在育人过程中,一方面必须帮助学生实现社会化,另一方面也要尊重其主体意识的发展;又如,在医疗卫生工作中,既要追求医疗技术上的创新,又要增加对患者生活质量的人文关怀),由此增添了生命体验中的负面情绪和困顿感,使得人们对生活充满了抱怨。同时,在实际工作中,个体也往往会遇到各种有失公允的对待,这些消极的经验与观念中对平等、成功、独立的憧憬形成了鲜明的对比。②

---

① 弗朗索瓦・杜贝:《制度的衰落》。
② 弗朗索瓦・杜贝:《有失公道》(*Injustices*),巴黎:色伊出版社,2006年;《多样化的不平等》(*Les Inégalités multipliées*),拉图代格:黎明出版社,2000年。

最后需要说明的是,社会理论划分出的各种群体类型早已无法解释当前社会生活的复杂多变,而只有观察和分析个体的体验和经历,以及由此形成的社会经验体系,才能达到认识社会的目的。① 虽然不同的行动领域和社会阶层会存在差异,但所有的人生历练都具有同等的分析效能:它们可以用来解读三种行动逻辑在整合过程中产生的张力。而社会经验体系恰恰能够将这些张力环环相接。所以,人生唯一且独特的考验其实就在于如何建构这套同条共贯的经验体系。

2. 达尼罗·马尔图切利:个性化过程中的历练

达尼罗·马尔图切利认为,当今许多国家都在各个领域见证着一个全面的独一化(singularisation)过程。但与那些反对众口如一、百虑一致的学者不同,他所关注的是社会学该如何面对这个分崩离析、各自为政的社会。在他看来,未来这门学科的发展应以个体为着眼点,并从个体的维度提出能够诠释社会现象的理论。② 基于这一点,他在研究多种多样的个体身份特征时,重点探讨了个性化(individuation)问题,即在特定社会环境和历史时期由结构性因素塑造而成的

---

① 弗朗索瓦·杜贝、达尼罗·马尔图切利:《我们生活在一个怎样的社会?》(*Dans quelle société vivons-nous ?*),巴黎:色伊出版社,1998年。
② 达尼罗·马尔图切利:《独一化社会》(*La Société singulariste*),巴黎:阿尔芒·科兰出版社,2010年,以及《方向的转变》(*Cambio de rumbo*),圣地亚哥:罗姆出版社,2007年。

个体类型。①

在个性化的进程中,作为行动者的个体往往需要面对相同的"历练"。在同一群体内部,尽管每个成员的身份地位、人生阅历各不相同,但这些"历练"常常是他们的共同体验。又因为个性化早已成为一种世态,所以对个体而言,"历练"还可以看作由时代造成的逆境、由环境带来的磨难、由观念产生的困苦和由不公导致的差距。因而,若想对这一问题展开分析,就要将社会大环境的变迁与个体的生活经历联系起来,同时也须把结构领域的一致化和经验领域的独一化做一整合。当前,全球一体化的浪潮势不可当,这种追求殊途同归的风潮使每个个体所要面对的"历练"更加相像。借助实证调查,马尔图切利从个体经验的角度对这些"历练"进行了归纳式的建构。他认为,一个人的生命历程可被当作一系列长期存在的艰辛与磨难来研究。而生命叙事也要淡化那些"绝无仅有"的"关键事件"(比如,有的研究会着重分析导致一夜致贫或身份转变的某一次遭遇),而更多地关注不同社会单元之间的相互组合与各类考验共同叠加而成的独一人生。

在考察当今法国社会时,马尔图切利将那些与结构性因素相关的考验划分为八个类型,每一类考验都表现为两种行

---

① 达尼罗·马尔图切利:《个体的基本原理》;达尼罗·马尔图切利:"从社会学视角研究个体的三种途径"(Les trois voies de l'individu sociologique),《空间与时间》(*Espaces Temps*),2005 年 6 月(网络版)。

为规范或双重价值理念之间的张力。① 其中,前四类考验是从组织结构的角度来划分的(包括在学校、工作单位、城市生活与家庭生活中存在的考验),这是因为,在法国社会,个体的塑造与制度化的个体主义倾向密切相关。而后四类则与社会关系的不同维度有关,它们包括与过去、与集体、与他人和与自我相关的考验。可以说,在"历练"中逐渐发展的个性化进程不应被简化为一连串的人生履历,也不能被当成由不同人生阶段(学习阶段、工作阶段、退休阶段)嫁接而成的生命叙事。实际上,对个性化进程的研究需要一种从个体维度出发的全新的宏观社会学视野:该研究所探查的对象是由不同类型的考验形塑而成的具有独一性的经验整体。举例来说,家庭生活中的考验往往来自于遵从既定人伦规范(孝敬长辈、夫妻和睦、爱护幼小)和渴望维护个人自由(按照自己的想法生活)之间的矛盾。而人际关系中的考验则表现为,在独一性不断强化的过程中,个体内心产生的挣扎:一方面他们意在与他人保持适当的距离(以便不被他人"侵扰");另一方面又担心自己的失礼会给他人带来困扰。而关于这种内心的挣扎,在当代法国文学作品中常有细致入微的描写。②

此外,"历练"也与"选拔"机制息息相关,但马尔图切利这里所谈的不是社会地位的影响力和与之相关的机会不均

---

① 达尼罗·马尔图切利:《从历练中成形》。
② 安娜·巴莱勒(Anne Barrère)、达尼罗·马尔图切利:《小说就是实验场》。

等,而是人生境遇的偶然性。这里指的就是作为行动者的个体在经历考验之后要么"成功"要么"失败"的两种结局。而鉴于社会机制的强制作用,个体又不得不接受种种考验,这使得他们总会觉得委重投艰、力不能胜。由此,人们的生活便充满了各种挫折(如离婚、失业、落榜等)。面对这些挫折,个体除了寻找外因之外,还必须让自己坚强起来,以便度过那些同样难熬又孤独的日日夜夜,仿佛这样一种境遇出自于他们个人的失误与过错。实际上,生活中的"选拔"过程往往不是正规的考试或测验,而是以不易察觉的方式默默进行的"历练",这就迫使作为行动者的个体必须不停地学习新知识、展现新技能。比如在职场上,个体为了摆脱过去那些糟糕的境遇(超负荷工作、压力过大、失业),实现向上的流动,通常会采取多种多样的竞争策略。[①] 可以说,个体应对每一次考验的方式都是其掌握自身命运能力的展现。但同时,这也恰恰反映出"选拔"的过程就是一种实施管控的手段。[②]

而接下来的问题就是个体用何种方式顺利地通过各种"历练"。在这里,马尔图切利并不主张用符号化的方法对每位行动者所拥有的资源(亦或各类资本)进行量化考察,他提

[①] 卡提亚·阿劳约(Kathya Araujo)、达尼罗·马尔图切利:"定位差异:社会分层的新概念"(Positional Inconsistency: A New Concept to Social Stratification),《拉美经委会研究》(Review Cepal),2011年4月。

[②] 达尼罗·马尔图切利:《日常生活中的管控》(Dominations ordinaires),巴黎:巴朗出版社,2001年。

倡根据受访者经历过的具体考验并结合当时的实际情景深入地分析其应对过程中的诸多细节。

虽然说"历练"是一种全社会的共同体验,但个体在"历练"的过程中却能够逐渐构建自己的独一性。因此,对个性化进程的研究也应着重关注人生阅历的多样性。正是这一点在马尔图切利看来是经典社会学所忽略的。长期以来,老一辈社会学家往往致力于在不同维度的社会"事实"之间建立联系,以便对行动者和社会系统进行整合。然而这种思路难以对社会本体的属性展开分析,换句话说就是无法确切地解释"社会系统"和"行动者"之间究竟是如何实现有效对接的。为此,马尔图切利将社会体系的"定力"(consistance)作为解释工具,尝试开辟一条新的研究路径。[①] 他认为,如果总是强调结构性要素在机会分配与资源分配中的决定性作用,那么在研究中,现实情境及其多变的状态便只能简单地借助各种指标来呈现。所以,为了更好地对其进行描述,就有必要在分析个性化进程的同时,重点关注与每个行动者相关的"个体化社会生态"(écologies sociales personnalisées),同时也应该意识到,尽管绝大多数个体在参与社会生活时往往要接受相似的"历练",但他们面对的考验和做出的反应千差万别。

此外,马尔图切利还强调要在不同的文化环境和历史阶

---

① 达尼罗·马尔图切利:《社会系统的定力》(*La Consistance du social*),雷恩:雷恩大学出版社,2005年。

段中研究个性化进程的多变性。就这一点来讲,由于学校教育在社会选拔机制中发挥着重要作用,所以无疑是今天的法国人在个性化进程中必须面对的一种考验。不过,在其他国家(或者在20世纪50年代以前),升学也并一定都要"过五关斩六将",倘若非把接受教育说成一种"历练",那么也只有当它与社会资源分配和个人价值评判相互挂钩时才会显现出其中的张力。可见,在不同的社会环境中,同样的"历练"在对个性化进程的实际影响上也有强有弱。这就是为什么马尔图切利主张,在全球一体化的今天,较之创立一个新的社会学流派,还不如通过对个性化现象的研究来构建更加多元的社会学理论。[1]

　　本章介绍的诸位学者均有各自的理论"渊源"。其中,皮埃尔·布尔迪厄、米歇尔·福柯、乔治·赫伯特·米德、彼得·伯格、托马斯·卢克曼、让-保罗·萨特以及阿兰·图海纳都是他们的先导者和领路人。在前人的基础上,这些后辈学者的论述都颇具新意,其观察视角也更加细致、微观。若要对他们的研究加以概括,便可以总结出四方面的内容:复杂多样的社会化进程、制度规范下的个体化与主体化[2]、个体在自

---

[1]　达尼罗·马尔图切利:《拉美国家是否有个体的存在?》(*¿Existen individuos en el Sur?*),圣地亚哥:罗姆出版社,2010年。

[2]　对阿兰·艾伦伯格(《"社会"的大脑:认识论空想与社会学真理》[Le cerveau "social", Chimère épistémologique et vérité sociologique])来说,就独立于社会和组织制度的个体而言,神经科学能够让与之相关的"个体主义"理念变得更加合理。

我塑造时与他人构建的关系,以及个人成长所必经的"历练"。不过,与前人的理论积淀迥然有别的是,这些后辈学者的论述更强调以自我完善为目标、以自我意识为主导的多元化个体形塑方式。

第四章 个体社会学的研究方法

第一节 个体社会学与方法论个体主义的区分

在介绍个体社会学使用的各种调查方法之前,我们首先应明确一个问题。个体社会学在方法领域的探索是为了给某一观点提供论据,这与"方法论个体主义"(individualisme méthodologique)绝不是一回事。实际上,后者的理论架构有别于个体主义思想在社会维度和社会学层面的延伸,其实在法国就有人会将二者混为一谈,他们的这种混淆常常演变为抵制个体主义的理由。方法论个体主义中隐藏着一对矛盾:一方面,它把孤立个体当成社会系统的基本元素;而另一方面又喜欢使用数据统计这种忽视个体的分析方法。1920年3月9日,马克斯·韦伯在给罗伯特·利夫曼(Robert Liefmann)的书信中写道:"我们所建构的理解社会学要把独立个体及其活动看作研究的基本单位。"雷蒙·布东在引述这句话的同时,便将韦伯奉为方法论个体主义的鼻祖。但由于在布东自己的研究中,其分析资料均来源于大规模的综合性调查,所以在方法论领域他并未从韦伯的理论中汲取任何营养。于是,针对千差万别的个体,一种排斥其复杂性和自反性的怪异个体主义理论就这样形成了。对于这一问题,布东曾有所察觉,他还对此做过解释:

> 在个人或集体的影响下,个体往往将不同的行为方式进行叠加,但在此过程中,我们不必考虑其作为行动者的行动目的。[1] 在布东看来,这一观点之所以成立,正是因为"社会人"(homo sociologicus)天然具有"行动目的性",并且这种预设理应成为研究的前提(第12页)。

然而以实例为证,布东所有的数据分析都不涉及反映行动者意图或目的的指标。而且在未经调查的情况下,他还提出了这样的假设:只有社会研究者才能对行动者的想法、目标和意愿进行界定("而行动者本人只会从自身利益出发来采取行动",第41页)。可见,方法论个体主义者往往认为,每个个体都如出一辙地受利益驱使,并且他们行动的意图都应由社会学者而不是行动者本人来界定,正是出于这个原因,

---

[1] 雷蒙·布东(Raymond Boudon):《负面影响与社会秩序》(*Effet pervers et ordre social*),巴黎:法国大学出版社,1979年,第10页。

第四章 个体社会学的研究方法

社会学便无须对个体本身加以深究。这种忽视个体的倾向同样表现在数据的使用上。比如,布东在研究入学率上升的负面效应时,便仅仅将宏观层面的数据视为分析的依据。

这样一来,"方法论个体主义"的词义就十分令人费解了。其中,"方法论"的部分仿佛就是用化约主义的思路进行揣摩和推测,并且以此来假定个体只是其"塑造者"打造而成的"作品",不具备任何有别于他人和前人的独特性与创新性。在方法论个体主义理论发展的初期,个体行动被简化为单一的条件反射,即工具理性,这便把个体自身对行动的解读抛到了一边。为了区别于齐美尔的观点(参见第一章),该理论将个体界定为仅具有一种理性思维能力的拉丁文化产物。可以说,这种研究思路并没有注意到个体能够作为"主体"进行自我塑造,同时,也没有发现他们在回顾以往的个人经历时会有不同的自我解读。所以,对方法论个体主义来说,既然个体的自我意识无关紧要,那么质性调查便是多此一举了。布东就明确地表示过,人们潜意识深不可测,因而他选择对此不做考察。就这样,方法论个体主义将独立个体排除在研究框架之外,而这种对个体的忽视也暴露出其名不副实的一面。虽然布东试图证明自己的理论具有创新性,但实际上他与涂尔干的个体主义思想十分接近。我们曾提到过(参见第一章),个体主义对于涂尔干来说与"个体独特性"毫不相干,它代表着一种抽象的个体概念。同样,布东的方法论个体主义也省略了个体之间的差异,而把"一般意义上的概念化个体"(l'individu en général)①作为研究的基本元素。

不过随后,布东又逐渐添加了一些新的理性类型,它们都与人们对"投入-产出"的权衡有关:首先是认知理性(rationalité cognitive)(在布东看来,该理性是一种具有真实性的非利己主义理性);其次是价值理性(rationalité axiologique)(即具有公正性的非利己主义理性)。② 那么,个体如何在他们所具有的不同理性之间进行抉择,这就是接下来需要解答的问题:在将理性判断付诸行动之前,个体怎样权衡?在价值不等同的情况下,出于对价值理性的重视,个体又如何在社会化进程中尽量少走弯路?对于"潜意识",也就是"惯习"与"习惯"(这一概念常见于强调个体自主性的个体社会学研究中),亦或是"意念"(常见于其他流派的个体社会学),我们是否还能继续忽略它的存在?③ 至于调查方法,我们是否也可以不必进行那些大规模的民意采集,而只从每个普通人的角度了解他们行动的"理由"?

---

① 埃米尔·涂尔干:"个体主义与知识分子"。
② 雷蒙·布东:"功利还是理性?有限的理性还是普遍的理性?"(Utilité ou rationalité ? Rationalité restreinte ou générale ?),《政治经济学杂志》(*Revue d'économie politique*),总112期,第5期(2002),第754—772页。
③ 彼得·伯格:《理解社会学》(*Comprendre la sociologie*),巴黎:百夫长出版社,1973年(1963年第一版);弗朗索瓦·德·桑格利:"社会学:意识的特殊形式"(La sociologie, forme particulière de conscience),载于伯纳德·拉伊尔编:《社会学有何用?》(*À quoi sert la sociologie ?*),巴黎:发现出版社,2002年,第13—41页。

第二节　个体社会学也可使用定量方法

照理说,以独立个体为研究对象的个体社会学不应使用定量方法。的确,将统计学引入社会学的结果之一就是使个体隐介遁形,而保留下来的只有个体的社会群体属性,或者只能以个体的社会角色对其进行界定。这就是涂尔干在《社会学方法的规则》①一书中所论述的:"可见,当社会学者着手研究社会事实中存在的任意一种规律时,他就必须尽量把关注点放在其中不受个体干扰的面向上。"在他看来,某些"研究技巧"可以"清除社会事实中的'杂质',以便透过'真空'对其进行观察",而这些技巧指的就是统计分析。它往往用社会环境因素而不是(在其看来)匿迹藏形的个体来解释我们所研究的行为活动。借助神奇的数字游戏,统计学往往能够突出社会决定因素具有的影响力,但同时,那些出于自我意识而实施行动的个体却被忽略了。

虽然定量研究方法与单个个体的关联不大,但它们仍可用于个体社会学的研究,这是因为此类方法能在三个方面发挥作用。其一,统计学有助于理解那些限制个体自由发展、妨碍个体自我解放的社会性因素;其二,这种研究方法可以展现

---

① 埃米尔·涂尔干:《社会学方法的规则》(*Les Règles de la méthode sociologique*),巴黎:法国大学出版社,1963年(1894年第一版)。

个体在外部约束下所拥有的能动性;其三,问卷调查也能够很好地反映出个体及其实际行动和主观意识之间的关系。

1. 用统计方法测量社会歧视对个体发展的影响

若要了解社会体系的运作是否符合个体主义的价值理念,我们就可以采用定量调查来测量现实社会与"个体化社会"之间的差距。此类调查方法将个体简化为以性别、社会阶层、家族出身为特征的身份群体,并考察这些身份特征能否有效地反映不同群体之间的显著差异,但同时,每个个体具有的独特性也会随之抹除。不过,量化分析仍可以较为准确地呈现个体在其所属群体中拥有的"实际"自由度。例如,一些与女性主义相关的研究就试图探究这样一个问题:虽然男性与女性能够在同一行业里就职,但在此后的个人发展中,他们的性别身份是否会对其职业生涯产生影响。[①]

用统计方法对现象进行描述并不是社会学家的专利。其实,一些具有抗争精神的人早已用同样的方法对妨碍个体自由的集体规约与家族势力做过量化的呈现。他们重点关注的是在定量调查中被转化为变量的社会现象。例如,当妇女们组织起来对抗她们眼中的性别歧视时(这种说法并不是排斥或反对她们的立场,而是意在表达她们的抗争源于其自

---

① 卡特琳娜·玛丽(Catherine Marry):"工科女生还是工科男生?"(Polytechniciennes-polytechniciens?),《法吉手册》(*Cahiers du Mage*),第 3—4 期(1995),第 73—86 页。

主意识),量化的社会学研究方法就可以使"歧视"变得具体、形象。另一个实例是,从1992年起,法国学术界便开启了一场围绕是否应将"种族"变量纳入统计模型的论战。在当时,拥护派和反对派针锋相对。而如今,针对新殖民主义和种族歧视的抗议运动早已使这样的论战偃旗息鼓。当某些团体集结起来向他们所感受到的社会歧视表示抗议时,社会科学就应该对这些歧视现象进行量化分析和"客体化"处理。虽然时至今日,社会学研究仍发挥着批判性的作用,但社会学者已不是唯一能够对"不平等"和"不公正"做出判断的人;一些出于特定原因而实施抗争的群众团体也可以为社会学和统计学的研究工作提供新的参考标准。当个体和群体认为自己是社会歧视的受害者时,定量研究方法便能以最准确的论据揭示不平等带来的后果及其对个体性的漠视。总而言之,借助问卷调查,我们可以将个体在自主化过程中遇到的障碍详细地描述出来。

2. 通过分析群体间和个体间的差异来认识个体的能动性

定量调查还能借助对个体能动性的考察充实个体社会学领域的研究。这项工作可以借由改变数据表格的读取方式来实现。按照个体社会学的思路,我们不仅要从表格的每一列中发现差异(这是为了把握不同群体之间的差异度),还应从每一行中将"多数群体"与"少数群体"区分开来。[1] 从对表格的纵向观察改为横向解读,这样能够凸显特定社会群体内部存在的不同行动模式,并以此淡化同一列数据中的同质性。下面我们可以借助两组表格来解释这两种数据读取方式之间的区别:

活动 A	有	无	
社会上层	*60*	**40**	100
社会底层	**80**	*20*	100

活动 B	有	无	
社会上层	20	**80**	100
社会底层	**40**	*60*	100

纵向解读数据之间的差异:与上层社会相比,更多的底层人群参与活动 B。借助纵向解读,表格中标为粗体的数字就可以得出这样的结论。

横向解读数据之间的差异:和上层社会一样,在底层人群中,不参与活动 B 的人数更多。通过横向解读,标为斜体的数字便可以得出这样的结论。

当我们纵向解读数据之间的差异时,就可以发现,与底层人群相比,上层人群较少参与活动 A,也较少参与活动 B。这样,两组表格便可以得到相同的结论。然而这种解读却掩盖了另一个事实:在上层人群中,参与活动 A 的占多数,参与活动 B 的占少数。可见,虽然在不同人群之间进行对比,有助于发现那些受社会因素影响的集体行为和阶层分化,但对

---

[1] 弗朗索瓦・德・桑格利:《问卷调查》(*Le Questionnaire*),巴黎:阿尔芒・科兰出版社,第三版,2012 年。

个体社会学来说，这却是毫无意义的。其中的问题就在于，这样的解读方式会使人忽视表格中的其他信息（例如60％的社会上层人群参与活动A），同时也容易将"相对性"转变为"绝对性"。比如，把"与上层社会相比，更多的底层人群参与活动A"解读为"活动A是底层人群的专属"。

所以，纵向分析数据既容易忽视群体间的差异，又无法收集个体层面的信息，它仅能从主要的社会特征（自变量）出发，对个体及其行为活动加以界定。在这种情况下，个体便失去了任何判断力、决断力和独有的鉴赏力，而只会变成结构性因素的"附庸"。

伯纳德·拉伊尔也主张多向度地分析数据表格。在《个体文化》①一书中，他建议用"横向"分析技巧"重新认识个体与个体之间的多变性"（193页）。这种分析技巧需要构建一系列能够展现文化冲突的指标，但这些指标不必面面俱到。接着，再从这些指标出发，按照雅俗程度对文化实践活动进行多重面向的描述，借此以"品位"的角度划分出"一致型"（全部雅或全部俗）或"杂糅型"（部分雅或部分俗）的个体化文化活动集群。拉伊尔的研究方法与布尔迪厄在《区分》②中对数据的同质化处理大相径庭，因为前者所表达的是，"文化

---

① 伯纳德·拉伊尔：《个体文化》。
② 皮埃尔·布尔迪厄：《区分》。

冲突"对于任何个体而言"都是最为普遍的现象"(203页)。他的这一论点可归纳为两个方面：其一，"文化鸿沟如果存在，那么它首先是每个个体之间的差异，即仁者见仁、智者见智"(205页)；其二，个体身上"贴有的社会标签"并不妨碍他们"穿梭往复于不同的文化领域"(207页)。

此外，如果把家长管控下的青少年和处在婚姻生活中的夫妻视为行动者，那么对个人空间的极力维护就意味着他们想要成为具体而不是抽象的个体，在这种情况下，量化调查便有助于描述他们的行动模式。这种研究方法会将个体化过程中出现的常见现象和特殊现象区分开来。一项关于夫妇手机使用情况的研究就是一个很好的例子，该研究的考察对象是具有中等以上文化程度且共同生活的异性伴侣。① 在调查前，研究者首先设计了四个问题，意在了解夫妻二人如何共同度过闲暇时光，这也是为了测量研究对象（在夫妻关系中）的个体化程度。其次，研究者还试图分析手机能否加速婚姻关系中的个体化进程或提升伴侣之间的亲密程度。于是，他们在问卷里便设计了四个有关个人手机使用情况的问题。调查数据显示，婚姻关系中的个体化程度与手机使用

---

① 奥利维·马丁(Olivier Martin)、弗朗索瓦·德·桑格利："手机在婚姻生活中的角色——重塑个人空间还是维护夫妻关系？"(Le téléphone portable dans la vie conjugale. Retrouver un territoire personnel ou maintenir le lien conjugal ?)，《网络》(*Réseaux*)，第20卷，第112—113期(2002)，第211—248页。

的个体化程度密切相关。夫妻如何使用手机似乎能够直接反映出他们之间的相处方式。对于那些不分彼此的夫妇来说，相互使用对方的手机往往是司空见惯的事；而对于以互利合作为原则的伴侣而言，手机则属于个人的私有物品。从这一点来看，手机的使用方式符合且能够强化婚姻生活的原本状态。

然而，这样的结论是不全面的，因为在实际生活中仍有一些"充满矛盾的家庭组合"，这让我们了解到个体化是一个多么复杂的过程。在这些家庭组合中，有的既在手机使用上高度个体化，又在婚姻生活中高度集体化；也有的既在婚姻生活中高度个体化，又在手机使用上高度集体化。前一种组合往往涉及一部分年轻女性，她们虽然倾向于在亲密关系中保留独立空间，但常常喜欢与伴侣共用手机。尽管其婚姻生活具有高度的个体化特征，但她们仍会通过不分你我的手机使用方式来维护与伴侣的亲密感。对她们来说，手机显然是连接亲情、友情、爱情的"桥梁"。而后一种组合常见于中老年男性，他们虽然与伴侣相濡以沫，却将手机视为不可侵犯的"私人空间"。对他们而言，手机的最大用处不是和伴侣通话，而是业务往来，哪怕在家中也是如此。这个与他们形影不离的电子产品能够为其开辟一块移动的"个人领地"。在这块"领地"上，他们将伴侣屏蔽在外，以便建造属于自己的职业"堡垒"。无论是婚姻关系中高度独立的女性，还是高度依赖的男性,手机都能让他们重新找回亲密关系中不易获得的东西:即个体化生活中的情感支持和集体化生活中的个人隐私。这就是手机带来的好处:人们可以随时随处地使用它(如此一来,人们的行动就不必再受时间、地点的限制,自由度也大大提升了)。以上研究表明,定量调查能够通过数据信息的横向解读,呈现多元化的行为模式,并在此基础上构建一系列行动类型,借此来描述个体利用各种社会资源打造出的个性化生活。①

3. 用定量方法分析行动关系与行动意义

如上所述,在使用量化方法时,个体社会学研究首先应重视数据表的横向解读。其次,还需要探索行动的意义。通常,所有与"事实"无关的研究对象都被归类于意识考察的范畴,因而难以引发社会学者的兴趣。在《社会学方法的规则》中,涂尔干就曾对客体化原则进行过界定。在他看来,"社会事实应被当作客观存在物来研究",而不能加入个体的主观想法。于是,个体便无法在其行动中有意识地对社会决定因素做出反应,也不能探查自身对行动的观感。这种对主观意识的否定也出现在布尔迪厄、尚博莱顿和帕斯隆的《社会学

---

① 关于归纳类型学,我们可以参考迪迪埃·德玛兹艾尔(Didier Demazière)、克洛德·度巴(Claude Dubar):《传记式访谈的分析方法》(*Analyser les entretiens biographiques*),巴黎:纳唐出版社,1997年。

家此职》①一书中。这三位学者把各种类型的研究方法按照其对学科发展的贡献程度做了排序,其中居于首位的是直接观察法和问卷法,而被摆在末位的是访谈法。在他们看来,一切带有主观色彩的研究都是无根据的空想。

但在个体社会学的框架下,个体对行动的切身感受就像所谓的"事实"一样值得考察。实际上,行动本身必然包含个体所持有的(主观性)动机,所以那些强调客体性的社会学研究也并不会忽略个体与其社会地位和社会阶层之间的互动关系。基于伯格和卢克曼的理论,②个体社会学界认为社会现实应具有两个维度,即客观维度和主观维度。从这个意义上讲,我们就应该考察个体对自我身份地位的界定,借用马克思式的语言来说,那就是他们的"阶级意识"——一种不可忽视的社会结构要素。路易·肖维尔也赞同两个维度的说法。他指出,社会阶层的客观现实维度与主观意识维度"往往被人为地联系起来,除此之外它们通常是彼此独立的"。③所以说,至少在个体社会学领域,对客观与主观两个维度的考察是不可或缺的。在数据分析的过程中,同时对二者加以

---

① 皮埃尔·布尔迪厄、让-克洛德·尚博莱顿(Jean-Claude Chamborédon)、让-克洛德·帕斯隆:《社会学家此职》(Le Métier de sociologue),巴黎-拉艾:莫顿出版社,1968年。

② 彼得·伯格、托马斯·卢克曼:《现实的社会构建》。

③ 路易·肖维尔(Louis Chauvel):"社会阶层的回归?"(Le retour des classes sociales?),《OFCE 杂志》(Revue de l'OFCE),第 79 期(2001),第 315—359 页。

关注也是十分必要的。由此可见,我们在面对客观"事实"的无上地位时应有所警惕,这样才能兼顾量化分析和对受访者主体意识的解读。①

第三节 访谈法:个体社会学的首选

个体社会学并不排斥定量方法,但前提是这些方法在使用时需要注意两个问题:一方面应顾及个体对自身行为的解读;另一方面还须考察各类群体的内部差异,这些群体通常是由社会特征(性别特征、阶层特征、年龄特征等)划分出来的。然而,定量方法常常不如访谈法那么受欢迎,这在法国学界尤为明显。其原因在于,访谈法具有深入挖掘信息的优势,并能够凸显个体意识的作用及其自我塑造的潜能。借助这一研究方法,个体社会学至少可以从三个方面深化自身的研究思路,即个体的自我塑造力、个体的独特性以及个体经历的连续性。也许正是这第三种思路使"人物志"在诸多访谈法中脱颖而出。

1. 关注个体的自我塑造

真正的个体具有如下几个特征:与社会赋予的身份保持

---

① 弗朗索瓦·德·桑格利:《问卷调查》。

距离、拥有互不相关的多重角色、怀疑自我、寻求他人的认可、感到无力掌控自身命运……这些偏离正统的特征为个体自反性的形成创造了条件:这种自反性不仅普遍出现在调查研究的过程中,[①]还广泛运用在心理治疗领域。借助社会学访谈,研究者和受访者之间同样可以打造一个自反性的空间。如果后者接受过心理辅导或精神分析,那么为了避免之前的干扰,研究者就更有必要搭建这样一个空间。[②] 而在此基础上,我们不仅可以细致地探究个体的自我塑造过程,还能够了解行动者在不同"舞台"上"表演"时的矛盾心理,以及他们所建立的关系网络和对自身行动逻辑的疑虑……虽然个体社会学界对访谈的形式从未有过统一的规定,但所有学者都一致认为,访谈法不仅仅是简单地收集质性信息(事件、行为、数据),它还必须帮助受访个体进行自我反思。下面,我们就先来谈谈自反性的问题。

个体社会学所采用的访谈法与第三方协助下的社会测量法(socioanalyse)非常相近,这种方法可以使受访者产生强烈的情绪反应。达尼罗·马尔图切利就曾提到,当他问及受访个体如何面对过去的艰难困苦时,在上百个访谈中"几乎

[①] 弗朗索瓦·杜贝:《经验社会学》。
[②] 穆里尔·达蒙(Muriel Darmon)在《患上厌食症》(*Devenir anorexique*)(巴黎:发现出版社,2003年)一书中示范了如何针对接受心理强化治疗的厌食症患者开展社会学调查。

四分之一的受访者会潸然泪下或一时间沉默不语"。① 通常，人们在初次讲述自己的人生经历时都会带着复杂的情绪，除非这段经历已向他人讲述过无数次了。

在整理访谈资料（按主题和进程进行梳理）和以固定格式誊写访谈记录时，以上场景往往会被忽略。然而，在斯蒂芬·鲍德的协助下，尤尼斯·阿姆拉尼所完成的一项社会测量研究却证明情绪记录也是可行的。那时，在图书馆做临时工的阿姆拉尼偶然读到了一本鲍德的书，②并深深感到"书中描写的就是他的生活"，因为他也是一名没有完成学业的大学肄业生。于是，阿姆拉尼联系到鲍德，而后者也欣然答应帮助这位年轻人进行自反式的访谈。在长时间的邮件交流中，③鲍德首先"采用非结构式访谈"了解阿姆拉尼的学校生活。与常规访谈法不同，鲍德大胆地运用了一些社会学理论来诠释受访者提供的信息。这种访谈方式并不是让受访者从头至尾讲述他的生命历程，而是根据阿姆拉尼谈到的话题或鲍德关于这项研究所提出的问题而逐渐展开的。由于该

---

① 达尼罗·马尔图切利：《从历练中成形》。
② 斯蒂芬·鲍德（Stéphane Beaud）：《80％的合格率又有什么用？》(*80％ au bac. Et après?*)，巴黎：发现出版社，2002年。
③ 尤尼斯·阿姆拉尼（Younes Amrani）、斯蒂芬·鲍德：《苦难国度！》(*Pays de Malheur!*)，巴黎：发现出版社，2004年；也可以参考另一项社会测量研究：盖伊·巴约特（Guy Bajoit）："当代社会学的复兴"（Le renouveau de la sociologie contemporaine），《社会学S》，2008年4月（网络版）。

研究的起始点是阿姆拉尼在高等教育阶段遇到的挫折,同时在他阅读鲍德的著作之后,这些挫折又与当前生活中的困顿产生了呼应,"所以,尤尼斯的陈述不是基于过去和关于过去的叙说,而是从过去与现时的辩证关系中展开的剖析"(斯蒂芬·鲍德,第221页)。这让我们联想到哈布瓦赫对记忆的解读。他认为,记忆并不是原原本本地重构过去,而是根据当前的状态对过去进行全新的理解。因此,个体对以往经历的回顾往往来自于他对理想化现状的预设。在尤尼斯看来,"他付出的所有努力都是为了逃离过去,揭下往日贴在他身上的标签,摘去'贫民区野孩子'的旧名号而换上大学学子的'外衣',只有这样才可能习得另一个社会阶层的'惯习'"(斯蒂芬·鲍德,第221页)。

在与鲍德长时间的通信中,阿姆拉尼更加全面地反思了自己的个体化过程,该过程与所有的成长经历一样充满着矛盾冲突。对鲍德来说,一方面阿姆拉尼来自于"索肖-蒙贝利亚尔(Sochaux-Montbéliard)①的市郊贫民区",与那里的许多年轻人拥有"相似"的标识,言语间时常流露出市郊青年的"身份特征",这一点鲍德早已在以往研究中耳熟能详。然而另一方面,阿姆拉尼又不仅仅是典型的个案,他还是独一无二的个体。鲍德提到,拉姆阿尼对自身和社会环境的洞察力

---

① 法国东部的一座城市。——译者

("他拥有与众不同的表达方式和思想意识,其中不乏犀利又尖锐的观点;他的视角既带有理想性又颇具批判性;他的幽默感既从容淡然又不落俗套")使他很快就意识到"这位交谈对象和其他人并不一样"(第 208 页)。即使社会测量法(就像访谈法一样)无法面面俱到,也无法松解社会给人带上的枷锁,但这种方法既能体现社会禁锢的影响力,又能展现个体在面对社会禁锢时的能动性,所以在调查研究中对此加以运用是非常必要的。这就像阿姆拉尼曾提到的:"为什么我会这样深入地剖析自己?一个词突然闪现在我脑海中,那就是'领悟'。"(第 201 页)而自我剖析也是为了"打开囚禁我多年的'牢笼'"(第 188 页)。他继续说道:"我想要永远抹除过去那些沉重的回忆……希望自己忘掉它们……"(第 189 页)他又立即补充说:"可我知道,在充斥着痛苦、孤独、困窘的记忆面前,自己足够坚强……"(同上)

由此可见,用访谈法进行社会调查也可以帮助受访者进一步认识自己。让-克洛德·考夫曼就曾做过这样一项研究:他征集了一些志愿受访者,以期通过邮件交流的方式了解他们与伴侣之间发生过的不快。[①] 这些受访者需要讲述一或两次夫妻吵架的经历,并充分表达自己对此经历的看法。可出乎预料的是,许多女性从一开始就喜欢把所有鸡毛蒜皮

---

① 让-克洛德·考夫曼:《争执》。

的小争吵详尽地列举出来。其中,有些女性承认,她们在受访之初本想要按照调查的指令行事,可一旦写下第一句怨言,"话匣子"就关不上了(第112页)。但同时,还有一些人只简单地列举了几次吵架的经历。考夫曼认为,"这可能是因为他们担心过多地谈论争执会给自己平添负面情绪"。由此说明,访谈过程也会对受访者产生影响,"令他们的思考层层深入,直至触及问题的本质"。

不过需要注意的是,无论单次访谈法,还是多次访谈法,我们均不记录业已形成的"表象信息"(représentation),这是为了通过访谈,把无意识的反应转化为有意识的反思,从而对表象信息进行现场构建:"无意识和现时记忆之间存在一种潜伏记忆,人们既不会把它挂在嘴边也不会将其从脑海中抹除,直到有一天他们本身察觉到它的重要影响,并在研究者的主导下谈及相关话题时,这种潜伏记忆才会再现。"[①]另外,米歇尔·勒克莱尔克-奥利弗还认为:"对事件的叙述并不是为了呈现过去的记忆,而是为了界定'主体'自身的存在。在叙述的过程中,受访者通过回忆以往的所作所为或切身经历,尝试界定当前的自我。在自反式访谈中,自我界定就是在陈述过程中表达出的反思。"(第67页)从这个层

---

① 米歇尔·勒克莱尔克-奥利弗(Michèle Leclerc-Olive):《事件的叙述(传记写作)》(*Le dire de l'événement* [*biographique*]),里尔:北方大学出版社,1997年,第74页。

面上讲,访谈即一种"叙事身份"(identité narrative)的构建。

而借助交谈,我们就可以帮助受访者进行自我塑造。在一项研究中,有位60岁的女性受访者名叫安娜贝尔,她在首次访谈的过程中"讲述了自己的整个人生"。而在此之后,研究团队将访谈记录寄送给她,并提出二次访谈的要求。但这次访谈并不涉及新的话题,只想询问她在阅读第一次访谈记录时有何感受。① 于是,安娜贝尔在接受二次访谈时表达了自己的惊讶之情:"好像当时讲故事的人是我,但又不全然是我。"(第66页)在阅读访谈记录后,她发现自己讲了那么多关于母亲的事,这与她记忆中的第一次访谈内容有所出入。由此,她觉察到年迈的母亲并非真心爱她这个女儿:"当她提到我的时候,总是说'幸好有个当护士的女儿',却从来不说'幸好我有个女儿,也幸好女儿很能干'。"(第69页)安娜贝尔意识到,原来她"一辈子都厌恶自己的母亲"(第79页)。同时她也发觉,这种厌恶感总使她与母亲"保持一定的距离",而且让她觉得赡养母亲并非她的责任。从某种程度上说,她既无意于离家出走(在成年之后她曾出走过一次),也感受不到与家人的亲近。于是,个体化对她而言就成了一个永无止境的过程。从方法论的角度来看,受访者在阅读自己的

---

① 让-克洛德·菲尤(Jean-Claude Filloux)编:《生命叙事的分析方法》(*Analyse d'un récit de vie*),巴黎:法国大学出版社,2005年。

访谈记录时又再一次进行了自我反思。这就是为何个体社会学对多次访谈法青睐有加：一方面，该方法能在两次访谈之间给受访者的自反活动留出足够的时间；另一方面，在第一次访谈的基础上，多次交流也可以强化他们的自我认知。

2. 时间线或非时间线叙事法

有些调查研究在实际操作和理论架构上非常注重对主观维度的考察。可是，尽管这些调查都以访谈为主要的研究方法，但它们其实并不具备个体社会学的属性。当然，我们也不能说个体社会学只依赖质性这一类经验研究方法，虽然此类方法都极为重视对受访者言谈话语、人生故事和个人经历的收集，但在实际研究中，学者们仍要在理论思辨之外使用其他一些调查手段。为了能够理顺访谈法（或生命叙事）与个体社会学之间的复杂关系，我们一方面可以参考前一章介绍的任意一位专家学者的研究方法，另一方面也要将调查工作与整个社会大环境的变迁结合起来，从中发掘促进或妨碍个体化进程的因素。访谈的实施与操作可以借鉴该领域业已成熟的调查技术。其中所使用的提问技巧和访谈设计既别出心裁又能层层递进，还可以根据受访者的表述或多或少地调整访问形式。然而需要注意的是，在有的访谈中，受访者的倾诉极易使人产生恻隐之心，在这种情况下，研究者必须保持社会学者的专业态度，实事求是地将个体的自我塑造过程进行梳理整合。

时间线叙事法

在个体社会学领域,有一个重要却不甚明晰的理论分支,它非常注重考察习惯、规范或社会化环境(参见第三章)对个体的影响。这种分析角度往往会围绕调查对象的前社会化阶段进行访谈,重点了解个体养成的行为模式,以及该行为模式的内化过程。其中最具代表性的范例就是樊尚·德·戈勒雅克(Vincent de Gaulejac)在研究中所使用的方法。在他看来,个体其实可以从阶层社会学和精神分析学两个角度进行解析,这两套理论体系重在发掘个体初期的形成过程及其无意识的行为反应(一方面考察个体在社会阶层的影响下而产生的"惯习",另一方面探讨个体在无意识的状态下显现的行动模式)。

在个体身份构建的过程中,原生身份(identité héritée)、既得身份(identité acquise)和欲得身份(identité espérée)之间常常存在矛盾冲突,为了对冲突的过程进行细致的把握,戈勒雅克首先关注的是个体的家族与家庭身份,并把它当作自我身份构建的基础。可以说,血缘脉络一直是他关注的焦点。而与此同时,他也借鉴了精神分析理论,并认为身份的构建可以作为一种心理活动的结果加以考察,而这种心理活动包含两方面的张力:一方面个体有责任延续家族的身份地位,另一方面他"作为独立人"也需要追求自我的实现。想要探究个体的自我塑造过程,就不能不提及"本我"(即潜意识中的"我")与"超我"等精神分析领域的概念,这也是唯一能够深入了解个体内心世界的方法。

个体身份的构建源于家族发展轨迹和社会生活经历的相互融合。首先是家族发展轨迹,也就是家族历史的整理重建。它有赖于家族成员长期、共同的记录。而在记录的过程中,有些史料保留了下来,但还有些事实(如家族"秘闻")则会被刻意抹去。其次是社会生活经历,也就是个体基于生来具有的社会身份和原生家庭的社会地位所度过的整个人生历程。其间,社会决定因素也一直在发挥作用,对于同一个家族的不同个体来说,这种作用是多变且异质化的。所以说,主体自我塑造的关键就在于协调社会性、家族性与个体性之间的关系。

这一理论架构需要搭配恰当的研究方法。首先,我们可以为受访个体建立一个由三代或四代人组成的族谱,"同时标出每位成员的名字、职业、文化程度、居住地点、出生和死亡日期",如果可能的话还应记下他们各自的"特征"。[①] 这种族谱能够用来分析家族的社会地位(如"使社会地位上升或

---

① 樊尚·德·戈勒雅克:《阶层神经症》(*La Névrose de classe*),巴黎:人类与人群出版社,1987年,第277页。

下降的标志性事件、与社会地位较低的人通婚、社会地位的传承过程或改变固有社会阶层的过程"(第 278 页)),同时还可以从中观察"家族历史如何影响着个体的命运"(第 279 页)。其次,在研究的第二步,我们就可以向受访个体提出这样一个问题:"您的父母想让您成为什么样的人?"通过这个问题能够了解其父母的教育目标。而受访者的回答也应尽量详细,这样才能将他的个人特质描写得立体、丰满,同时也有助于从中发掘他当前的生活状态与父母的教育期许是否存在差距(第 281 页)。第三步,在获取族谱及其详细信息之后,应让受访个体对其原生身份进行解读,并回顾他从出生到现在发生的身份变化。这一过程可以通过焦点小组座谈的方式进行。第四步则更需要借助团体来完成。一种办法是安排焦点小组的成员共同参与一项活动,比如乘游轮观光。在开展这项活动时,我们所挑选的游轮应设有三个不同等级的舱位,随后再要求每个成员选择他们认为符合自己身份阶层的舱位,这样就可以"再现人们的思想斗争过程,同时探察他们的社会关系如何在这种具有冲突感的场景中发挥作用,以及他们个人内心的矛盾挣扎源于何处"(第 285—286 页)。另一种办法是组织家庭聚餐。其间,每位个体在重现用餐场景时都需要说出其他成员在家族和家庭中的地位。这种方法可以让我们了解每个个体所习得的规范和养成的"惯习"。在整个调查过程中,受访个体、焦点小组和访谈人员都可以表达自己的看法。但同时,非语言的交流也值得关注,它能让我们更容易把握受访者无意识的状态或者任何他想要隐藏的信息。

此外,虽然许多其他类型的访谈法也关注初级社会化的作用,但它们往往不会引导受访个体从童年期开始对自我进行重新解读(这里不仅是指广义的"儿童"时期,还包含作为"儿子"或"女儿"的童年期角色)。其实,除了从头至尾地叙述之外也可以根据受访个体的喜好选取叙事的起始点,例如安娜贝尔在进行第一次生命叙事时便问道:"我能否从退休生活开始讲起?"①另外,也可以根据理论架构选择一个叙事的开端。达尼罗·马尔图切利在解析个体和收集论据的过程中就使用了这个技巧。访谈开始时,他往往不会直接询问受访者童年和学前教育时期的经历,因为在他看来,"询问儿童期的成长经历似乎已成为所有访谈的固定环节,因为这段经历往往会被认为能够影响人的一生,也就是说,它要么会成功改变个体的命运,要么会给个体的未来埋下隐患"。② 但马尔图切利在有关休学的调查中另辟蹊径:之所以他用"您是如何放弃学业的?"来开场,而没有一开始就泛泛地谈及学校生活,正是因为他预估到受访者的休学过程(取决于客观

---

① 让-克洛德·菲尤编:《生命叙事的分析方法》,第23页。
② 达尼罗·马尔图切利:《从历练中成形》,第28页。

条件)能够使其内心深处滋生出一种特殊的"与教育体制对抗的自信",而这种"自信"才是影响其余生的关键(第45页)。利用这样的研究方法,研究者便可以把个体在现实中的就学经历和理想化的教育理念之间的差异呈现出来。借此,马尔图切利也表达了对传统自传性叙事的质疑,尤其是那些让受访者严格按照时间顺序且只围绕自己所经历的社会变迁而展开的"生命叙事"。实际上,从探索行为的起因入手就可以循序渐进地解析人生中的各种体验,但同时,也要想办法对这些经历加以整理,或根据整理的结果对其进行解释。

结构线访谈

另一种访谈法的操作方式与时间线叙事法(往往涉及个体的生活轨迹、人生拐点、重大转折,以及职业变更所产生的影响)大为不同。这种访谈法倾向于将个体作为"主角",类似于(伯格和卢克曼所提出的)一般大众对日常生活的解读,即他们"在此时此地的心态"。简单地讲,一方面受访者对"此时此地"的解析有赖于他们对过去的认知,另一方面访谈也必须对其当前的状态加以深入地分析。举例来说,如果研究者想要考察受访者平时在家中进行室内维修和装潢的情况,那么就可以首先询问他是怎样学会这项本领的,以及他喜欢什么样的装修风格。同时,也可以采用另外一种策略,也就是询问受访者此时此刻如何看待这类劳动,当然这是相对于受访者从事的其他活动和他的身份地位来说的。在访谈的过程中,受访个体完全能够根据其以往的经验对其当前的行为做出主观评价。所以说,一个人的过去可以为他的生命叙事提供思路,而我们就更不应该把这些过去预想成客观存在的历史印记。

通常,以上这两种社会学访谈法分别被称作"时间线"访谈和"结构线"访谈,二者的区别近似于精神分析学派和帕罗奥图(Palo-Alto)学派的分野,后者是开创系统式心理治疗(thérapie systémique)的心理学流派。该流派无意于分析结构性因素的作用,也无意于追溯心理问题产生的根源。它最关注的是个体在当前的行为互动中如何走出困境。其实,个体社会学也常常从"此时此地"入手展开访谈,并在经意或不经意间打开受访者的话匣,让他们讲述现在的自己是如何形成的,以及对原先的自己又该怎样界定。借助艾尔萨·拉莫斯做过的一项有关外省人①在巴黎的调查,我们便可以了解个体通常会怎样解读他们千差万别的生存现状。② 其中,有些受访者表示他们在目前的"生活圈"中鲜有归属感,而那些在"生活圈外围"、与其原生身份相近的群体才是他们喜欢交往的对象;然而还有些受访者的看法却截然相反,他们并不

---

① "外省人"是指在巴黎以外生活的其他省市的法国居民。——译者
② 艾尔萨·拉莫斯(Elsa Ramos):《原生身份的构建:身份基点的社会学思考》(L'invention des origines. Sociologie de l'ancrage identitaire),巴黎:阿尔芒·科兰出版社,2006 年。

想回到过去。其中就有人说道:"我喜欢现在的生活,也喜欢生活在这里。打个比方,这像是我把全部家当都搬到了这里,所以自然要在这里安居置业。"(第103页)可见,出生地并不一定能对个体产生至关重要的影响,因为他们可以通过其他的方式构建全新的身份角色,而不仅仅受限于以往那些难以磨灭的记忆。"我并不怀念某座城市、某个地方……",有受访者述说道,"但我怀念另外一些东西,比如书籍和音乐。只有它们才能在我心中生根发芽"(第104页)。在访谈过程中,关键是要让个体说出哪些时间与空间要素在他们看来最为重要,也就是对他们当前的生活状态影响最大。由此看来,无论是研究者有意识还是无意识地安排,访谈的流程都不一定要全部以时间线为主轴。

另外,受访者"此时此地"的状态及其中的矛盾冲突也可以作为访谈讨论的焦点议题,这样的讨论恰恰能够深化个体的自我反思。不过,受访者的反思主要应围绕他们的人际关系网络展开,无须过多地涉及其以往经历和家庭出身。基于受访者对自身行为的描述,研究者需要重点考察和发现那些能够界定其个体身份的维度,并在此基础上了解这些维度如何同时发挥作用。比如,桑格利在进行婚姻生活的调查时,他并没有让受访者谈论与伴侣第一次见面的经历或与原生家庭有关的记忆,[①]而是要求受访夫妇(各自)记下此后一周

---

① 弗朗索瓦·德·桑格利:《共同自由》。

的活动日程。他们的记录不仅包括活动的内容,还要写出在每项活动期间两人的参与程度。该记录并不是一张时刻表,而是一本便于回忆和反思的日志,这样一来在第二次访谈中,夫妇二人就能针对他们共同参与和各自完成的所有活动表达自己的看法。在另一项关于"自生青少年"(adonaissants)的研究中,[①]桑格利同样没有让年轻的受访者畅谈青春期与童年时代的差异,他还是采用了上述方法,交给孩子们一个用来做出行记录的笔记本,并要求他们写下一周内在无父母陪伴的情况下独自完成的所有出行活动。在第二次访谈中,桑格利便让孩子们说出他们在这些出行活动中的感受。凭借这样的调查方法,研究者就可以避免收集到一些青少年常挂在嘴边的生硬表述(如"我们渴望自由"),同时也能更多地了解他们在追求自主性的实际行动中想要表达的真实想法。以上两个调查实例表明,个体为了争取或保持"独立"会刻意疏远他们的家庭(配偶或父母)。通过分析这些疏远的方式,我们便可以分析个体化的过程。在该过程中,个体往往会预留或构建一个私人的"亚生活圈",在这个圈子里他通常不会被单一的情感关系、身份角色和地域空间所牵绊。

然而,当"结构线"访谈与"时间线"访谈各行其道的时候,学者们就开始尝试在二者之间一分高下。但从认识论的

---

① 弗朗索瓦・德・桑格利:《自生青少年》。

角度来看,这两种访谈思路实际上是互补的。更何况研究工作的重点并不是比较哪种方法更好,而是选择哪种方法(这里指"时间线"访谈或"结构线"访谈)更合适,这样才能与理论依据相互匹配。在社会学调查中,访谈往往会从某一问题产生的源头入手,借助受访者的时间线叙事广泛地提取信息,但同时这些访谈也容易忽略另一个提问的思路,也就是对受访者当前状态和看法的考察。为了说明二者的互补性,我们来举个例子:如果访谈对象是绿色和平组织的成员,那么在访谈时,一方面可以回溯他们成为组织成员的过程(尝试了解受访者曾参与过哪类社会活动,以及在什么时候他们开始投身于这项事业),[①]另一方面也可以通过描述他们的生活现状来发掘其中的多重面向,尤其应当了解的是,这些组织成员如何协调环保运动和个人生活之间的关系。当然访谈中也可以问及他们以往的经历,但这类问题最好放在访谈的最后,并且一带而过。

在整个访谈过程中,研究者如何把握访谈的开场(即介绍调查内容)、将哪些问题放在前面,这些细节都会影响受访者的表现。这两个要素通常会使受访者在参与访谈时做出

[①] 这是索菲·奥利特罗(Sophie Ollitraut)在"当代个体主义和个体性"研讨会上的发言"为自我而抗争:成为绿色和平组织的一员"(Militer pour Soi: les techniques de fidélisation au sein de Greenpeace),载于菲利普·柯尔库夫、克里斯蒂安·勒巴尔、弗朗索瓦·德·桑格利编:《今日个体》,雷恩:雷恩大学出版社/瑟雷西学术研讨会,2010年,第307—316页。

两种不同的行为反应。以着装为例,第一种情况是受访者打扮得比平时更加庄重。当然,受访者本人也能意识到自己外表的变化。在这个时候,研究者就可以从穿衣习惯的角度出发,询问他们的成长经历(而无须根据族谱顺序从他出生前的家史展开叙事)。而另一种情况是受访者穿成平时的样子。这里,研究者便可以在访谈开始时让他谈谈自己的着装风格、在何种场合穿何种衣服,以及因为穿错衣服而出现的尴尬场面。

3. 综合考察行动的场景

人们往往抱有这样一种误解,认为个体社会学通常不喜欢"将身份问题简化为社会等级视域下的'地位'问题(即通常所说的社会身份)",[1]因此该领域的研究会将个体从社会中抽离出来,并抛开结构性因素的影响对个体加以剖析。而事实恰恰相反,个体社会学注重的就是用极其细腻的笔法描述社会现象与个体经验之间的关系,以此来展现个体在行动规范的框架下所具有的能动性。而访谈法刚好可以从最贴近个人经历的角度,对社会图景进行全新的描绘。为此,除了以社会阶层为出发点进行宏观测度之外(也就是了解个体所能获取且赖以生存的社会援助、社会资源、社会权利和社

---

[1] 克洛德·度巴:《身份危机》(*La Crise des identités*),巴黎:法国大学出版社,2000年,第202页。

会支持①),个体社会学研究还应在调查中关注每个个体的独特性。阿马蒂亚·森就认为,在社会的多样性中包含着个体的多变性,比如对异质化的个体来说,"社会不公"便具有不同的涵义。以残疾人为例,每个个体由于生理不便所承受的不公正待遇都是不同的。② 从这个意义上讲,访谈法正像一种不可多得的工具,使研究者能够对行动者的现实状态展开细致入微的描写。同时,考虑到现代性的第二阶段有着变化无常的特质,所以在分析受访个体的行动场景时,也不能忽略他所拥有的自由选择和自由流动的权利,③以及他获得或失去的社会支持。比如,社会保障和社会保险、一个有能力施以援手的家庭④、一份稳定的工作、一块只"属于自己"的"避风港"、一种生来具有的社会身份⑤、一笔可观的储蓄和家产等等,经历过个体化的个体与社会并不是"两条互不相交的平行线"(尽管个体也常常足不出户),二者其实早已形成

---

① 达尼罗·马尔图切利:《从历练中成形》,第392—404页。

② 阿马蒂亚·森(Amartya Sen):《不平等之再考察》(*Inequality Reexamined*),牛津:牛津大学出版社,1992年。

③ 罗伯特·卡斯特尔:《社会性问题的异化》;米歇尔·茹贝尔(Michel Joubert):"摇摆不定的社会支持:失业与精神健康"(Précarisation des supports sociaux, chômage et santé mentale),载于米歇尔·茹贝尔编:《精神健康:城市与暴力》(*Santé mentale. Ville et violences*),巴黎:艾莱丝出版社,2003年。

④ 文森特·卡拉戴斯(Vincent Carades):"老龄个体的'扶助':再议'抛弃'观"(Les "supports" de l'individu vieillissant. Retour sur la notion de 'déprise'),载于文森特·卡拉戴斯、达尼罗·马尔图切利编:《个体社会学档案》(*Matériaux pour une sociologie de l'individu*),里尔:北方大学出版社,2004年,第25—42页。

⑤ 艾尔萨·拉莫斯:《原生身份的构建:身份基点的社会学思考》。

唇齿相依的复杂关系。这就是为什么我们必须在同一阶层中考察不同的个体，以此来观察他们如何在看似相像却又千差万别的场景中行动与生活。

个体化的社会生态

这一研究视角就要求我们对个体经历"考验"时的社会场景进行考察。换句话说，就是各种结构性要素在不同领域所发挥的作用能否使个体过上衣食无忧、安居乐业的生活。这种思路可将所有个体区分为几类：第一类个体仿佛生活在"防护罩"中，他们能够充分享受富足、可靠的社会保障；而第二类个体处在另一个极端，他们被社会保障体系排斥在外，日子过得朝不保夕、颠沛流离，而且这些人也往往对社会生活充满抗拒；但大部分个体属于第三类，他们处于两者之间，仿佛"蜗居"在"巢穴"里一般。[1] 通常来讲，他们的生活目标就是打造一片安身之地，并在那里"建立家庭、开拓个人空间，更抽象地说，家庭和个人空间就是一片仅属于他们自己且能够抵御外部侵扰的'避风港'，从那里个体可以远距离地观察危机四伏的人间社会"（第408页）。想要打造这样一个"巢穴"就需要一系列策略。因此，"个体的行动总带有见缝插针的特色，他们非常善于利用（或可以利用）制度的弹性"（第413页）。可见，在访谈中进行资料收集和分析时，我们既

---

[1] 达尼罗·马尔图切利：《从历练中成形》。

不能只把个体视为"结构性因素共同作用的结果"(相当于解除个体所有的责任),也不能只把他们看成一种超脱于社会的独立存在(即强迫每个个体承担各自必须背负的责任),而必须同时关注以下这三个方面的问题:客观条件的限制、外部力量的协助和主观实施的策略。[1]

通常,为了体现社会资源的分配不均,一直以来众多研究者都倾向于从宏观结构的角度对社会阶层进行解析,然而这样的思路会忽略一些时有发生且信而有征的个体化现象。因此,为了补足这一缺憾,以访谈法为主要调查方法的研究往往更乐于展现行动场景的曲折多变、错综复杂和矛盾冲突,而且也更有助于呈现一种贴近于个体实际经历的生活状态。

群体内部的个体比较

在进行比较分析时,个体社会学领域的研究既要使用(或应使用)定量工具,又要诉诸质性工具。不过,若用质性工具进行比较分析,那么其对象就不再是不同的社会类属,而是同一类属内部的不同个体。可以说,同一社会类属中千差万别的个体恰恰能够展现他们作为行动者所具有的能动性。正像在之前的例子里提到的,访谈法有利于在调查中捕

---

[1] 达尼罗·马尔图切利:"统治的形态"(Figures de la domination),《法国社会学杂志》,总 45 期,第 3 期(2004),第 469—497 页。

捉每个个体的独特之处。《自生青少年》①的资料处理方式就充分地体现了这一点。该书曾提到,来自白领家庭的青少年常面临一种两难局面:一方面他们想要像其他同辈群体那样"做自己",另一方面他们又必须符合家庭的社会身份——"当个好学生"。而在该群体内部产生的分化正是源于不同个体在解决这一两难问题时所采取的不同策略。由此,在"重自我"和"重表现"这两个极端之间,我们可以描绘出每个个体独一无二的形象特质。

由于社会角色具有多变性,所以这似乎就与身份维度的研究形成了一种矛盾关系。那么我们该怎样处理这种矛盾关系呢?乌尔里希·贝克曾引用过赖内·马利亚·里尔克②写下的一句话:"社会的进步会带来情感的转变,自此,爱将是一种人与人的连结,而不再是男人与女人的牵绊。"③为了印证此言的真伪,就有必要把异性夫妇作为考察对象,观察性别在这种伴侣关系中所扮演的角色。这里,研究所关注的不是社会文化怎样将他们预设为男性和女性,而是两个个体本身具有的男性和女性特质。④ 当我们在同一性别类属

---

① 弗朗索瓦·德·桑格利:《自生青少年》。
② 奥地利诗人,著有《生活与诗歌》《祈祷书》《新诗集》等作品。——译者
③ 出自赖内·马利亚·里尔克《给青年诗人的信》中的第七封。——译者
④ 弗朗索瓦·德·桑格利:《个体身份中性别角色的多变性》(La place variable du genre dans l'identité personnelle),载于玛格丽特·马鲁阿尼(Margaret Maruani)编:《女性,性别与社会》(Femmes, genre et sociétés),巴黎:发现出版社,2005年,第48—51页。

内部进行比较时就可以发现,单一"性别"本身也是极其多元的(这将生物学意义上的"性"与我们所划分出的"性别"区分开来),由此女性和男性便从"性别决定命运"的束缚中暂时解放出来。这种对女人(或男人)的界定,以及其他类似的观点,往往不会先验地认为所有"女性"或"男性"都如出一辙、毫无二致。因此,当我们从个体维度来诠释和解读性别角色时,只有在同一生物性别或同一社会性别内部进行个体间的比较,才能更清晰地认识个体化这个过程。[①] 伊萨贝尔·克莱尔的研究就是一个范例。她通过实地调查,向我们展示了底层社会的年轻女孩如何用各种各样的策略来对付社会上的性别规范,同时她也阐释了今天的女性如何加入过去将她们排斥在外的"个体化"队伍。[②]

第四节 个体社会学中的人物志

人物志不只是为了勾勒个体的形象。有些时候,社会环境对个体的重要影响也渗透在这种生动鲜活的写作手法之中。马克思笔下的资本主义世界就是如此:个体要想在竞争中存活,就必须放弃个人的喜好。相比之下,基于本杰明·富兰克林的自传,韦伯所做的人物解析或许能够更好地展现

[①] 伊萨贝尔·克莱尔(Isabelle Clair):《性别社会学》(*Sociologie du genre*),巴黎:阿尔芒·科兰出版社,2012年。

[②] 伊萨贝尔·克莱尔:《城市郊区的青年与爱情》。

个体在描写社会环境方面的作用。然而,就像下面的内容将要谈到的,为了能把这一方法运用在个体社会学的研究中,我们还有必要对不同类型的人物志进行界定。

1. 两种类型的人物志

用个体来"映射"社会关系或社会发展进程

下面我们来看看与 20 世纪末后工业化时代有关的一些研究。它们将不同维度的考察对象进行了对接,这些维度包括:"以 70 年代产业结构调整为背景的个人成长历程、同时代的人际关系变化,以及十年间的社会变迁史,由此,通过个体、关系和社会这三个维度的对接分析它们是如何保持同步发展的。"[①]另外,这些研究还对工业国家的整个衰落期进行了考察,从这一历史背景出发,观察以个体为单位的群体生活所发生的深刻变化。同时,学者们还意在"整合社会活动的各个'领域'(工作、消费、休闲领域等),并将群体发展的历史与个体发展的过程衔接起来"。[②] 以下列举的著述就是通过描绘人物的社会角色来展示如何间接地对社会身份与历史发展进程加以分析。这些作品隐含着这样一个观点:"每一种群体性的生活形态都应被视为以个体为单位的组织形

---

① 弗朗西斯·高达尔(Francis Godard)、保罗·布法蒂格(Paul Bouffartigue):《工人阶层的代际传承》(*D'une génération ouvrière à l'autre*),巴黎:西罗斯出版社-选择出版社,1988 年,第 22 页。

② 米歇尔·潘松(Michel Pinçon):《工人阶级的恐慌》(*Désarrois ouvriers*),巴黎:拉尔马丹出版社,1987 年,第 8 页。

式,所以对生活形态的研究往往要以个性化的生存模式为关注点。"①

如果个体只是某一社会阶层中的个例,那么在这种情况下对其个人生活状态的描写就必须更加具体生动、"有血有肉",这是社会学研究者完全可以做到的。基于这样的原因,一些熟悉定量方法的社会学家也对人物志青睐有加,这是由于在论述某一论点时不仅需要"数据"的支撑,还应有"语言"的辅助,所以他们的青睐绝非偶然。打个比方,在一幅画作中,人物形象往往是其中的点睛之笔。而在《区分》一书中,人物志的运用恰恰起到了同样的作用。为了展现"没落的小资产阶级形象",布尔迪厄就曾用标注出的文字对"一位平凡无奇的女面包师"做过生动的刻画。②

如果说个体是值得社会学者重点观察和分析的对象,那么首先应该意识到,这些个体能为研究工作开启一种新的思路。最起码,社会学界不仅要承认宏观维度的社会角色理论具有局限性,还必须开始重视对个体认知领域的探查,只有这样,人物志才具有实践意义。让-保罗·萨特曾有过一句精彩的论述:"瓦莱丽是一名小资产阶级知识分子,这毫无疑问。但是,小资产阶级知识分子并不都是瓦莱丽。这简单的

---

① 让-皮埃尔·特拉耶:《工人阶层的命运》,第24页。
② 皮埃尔·布尔迪厄:《区分》,第398—399页。

两句话便暴露了当代马克思主义在思想广度上的欠缺"。①②既然许多学者都将萨特的这句精辟之言视为社会学领域的经典论断,那么以个体为焦点的人物志自然也应被视为社会学的研究工具。

有人认为,社会演变的趋势与个体具有的特性存在直接的关联,然而在考察现代社会中的个体化过程时,我们就会对这一观点提出质疑。社会学者克洛德·度巴就曾在学术生涯中产生过同样的疑问。之所以产生这种疑问,正是因为他读了弗里茨·佐恩的自传体随笔《火星》。③ 这位作者是银行家的儿子,在书中他描写了自己从生到死的艰难时刻。其自述"感人至深,它既是对自我身份的认知,也是对自主意识的明证。所以,对个体独立性的存疑更多的不是经济问题,也不是某种形式的资源占有问题,而是个体能否拥有主体性的问题。"(第218页)由此,一部分个体社会学者逐渐开始意识到,对社会现象的解读不仅需要群体性的视角,还应该(甚至更应该)有个体维度的描述。他们预言,社会学界在未来"将会更多地用个人生命历程来记录社会变迁中的个体化进

---

① 让-保罗·萨特:《辩证理性批判》(*Critique de la raison dialectique*),巴黎:伽利玛出版社,1985年,第53页(1960年第一版)。

② 恩格斯曾说,如果没有拿破仑,世上还会出现另一位和他同样睿智的军事家来推动历史的发展。然而萨特却认为,拿破仑是独一无二的,没有人能够取代他而成为那段历史的塑造者。——译者

③ 弗里茨·佐恩(Fritz Zorn):《火星》(*Mars*),巴黎:伽利玛出版社,1979年(1977年第一版)。

程,同时弱化那些沉迷于结构性分析的社会学理论"。① 这种做法的唯一目的就在于,通过人物志的方法在个体与社会之间找到新的平衡点。而我们之所以在研究中使用它,正是因为个体与个体之间不再是"铁板一块"(即使在一些由某种归属感连接而成的共同体内部也是如此),而且他们也可以自己来界定自身的独特性。②

不过,个体仍时常感到,专家学者喜欢将他们简化为某一类属,同时摒弃他们所拥有的个体性和行动力(无论这种个体性和行动力是强还是弱),并将这些特征当成某一类"案例"来分析。虽然社会学界表面上愿意给行动者更多的话语权,但个体对研究者们无视其自身能动性的学术态度仍怀有深深的不满。当个体被"提炼"为一种社会类属的典型代表时,其所有的个人特质都会被群体属性所覆盖,这样一来他就变成了群体中的一分子,而研究者也只需根据群体的特征提取个体的信息。③ 倘若从这个意义上讲,在同一社会群体

---

① 皮埃尔·罗桑瓦隆(Pierre Rosanvallon):《新社会问题》(La Nouvelle question sociale),巴黎:色伊出版社,1995年,第200页。

② 从这个意义上讲,也可以认为社会学的人物志是在效仿人物肖像画。与后者相同,前者也从关注人物形象的类型(即社会角色类型)转变为更精细地描绘每张面孔,然而这种社会学研究方法的出现却大大晚于肖像画技法的使用!参见茨维坦·托多洛夫(Tzvétan Todorov):《个体的颂歌——论文艺复兴时期的弗拉芒绘画》(Éloge de l'individu. Essai sur la peinture flamande de la Renaissance),巴黎:色伊出版社,2004年(2000年第一版)。

③ 皮埃尔·布尔迪厄编:《世界的苦难》(La Misère du monde),巴黎:色伊出版社,1993年。

内部,某个个体的个人经历完全可以与其他成员的经历进行互换,那么该个体也仅仅会是名义上和形式上的一类社会角色。

个体性与代表性之间的矛盾

以个体为对象的人物志可以细致地记录一个人的自我塑造过程,由此构建一种自成一格的分析视域。该视域所关注的不再是"抽象"个体,而是每个行动者在社会维度中主动打造出来的自我。从这个层面上讲,这种社会学的分析方式能够更加贴近个体本身,并在剖析个体性的基础上把握社会结构的运行规律。所以,这种类型的人物志与其说是一个调查的结果,不如说是一个研究的开端,借助这种方法便可以透过个体性来认识社会性。

让-克洛德·帕斯隆(《社会学家此职》的作者之一)曾为理查德·霍加特的两部著作写过书评,我们可以从他的书评中了解人物志(或自传)的优点。这两部作品分别是《穷人文化》和自传《新港街33号》。[①] 作者霍加特是位出身于社会底层的英国教授,帕斯隆则是一名愤世嫉俗、学识渊博又不拘一格的社会学者,他深受霍加特的启发,并通过阅读其作品对社会学这门学科进行了重新的审视:实际上,霍加特对自

---

① 理查德·霍加特(Richard Hoggart):《穷人文化》(*La Culture du pauvre*),巴黎:子夜出版社,1970年(1957年第一版);《新港街33号:一个底层出身的知识分子自传》(*33 Newport Street. Autobiographie d'un intellectuel issu des classes populaires*),巴黎:伽利玛出版社-色伊出版社,1991年(1988年第一版)。

我的描写"几乎算不上正统的社会科学研究,然而我们可以断言,这两部作品可称得上社会学领域中描写底层社会的上佳之作,远胜于我们读过的那些用数据图表枯燥地描述社会现象的同类作品"![1] 不过,令帕斯隆赞赏有加的这位学者只用了一个个案来进行分析。而他作为书评人对此的解读也恰恰反映出,将人物志用于个体社会学研究并不是一件易事。在帕斯隆看来,自我描写之所以可以运用在社会学的研究中,就是因为"在从社会底层向社会上层流动的过程中,霍加特能够对自我进行心理层面的剖析,这种剖析既不带有骄傲自满的心态,又不带有妄自菲薄的情绪……他持之以恒地发掘那些与其出身相关的社会决定因素,以及底层身份对其整个人生的影响,由此,从孤儿到'三好学生',从大学生到义务兵,从教师到研究人员,再到国际官员……他的叙述随着时间的推移步步推进,同时又包含着看似超脱于现实的情节"。帕斯隆观察到:"为了在这个客观的社会体系中用隐秘的视角进行自我解析,作者常与正统的社会学研究方法保持距离;同时,他也将社会关系作为叙事的背景,通过挖掘内心深处的意念来认识和解读自我。由此,在作者天马行空、特立独行却又能推己及人的想法中,形成了具有普适性的理论。"虽然这种研究方法表面上像是镜里观花,但对霍加特而

---

[1] 让-克洛德·帕斯隆:"理查德·霍加特的社会学者人物志"(Portrait de Richard Hoggart en sociologue),《调查》(*Enquête*),1993年(网络版)。

言:"'社会性因素'(包括事件的前因后果、情绪和行为习惯的社会印记)本身从形式和表现上就更加看不见、摸不着,而相比之下'自传'反而还比较贴近实际。不过,像众多不同类型的文学作品所呈现的一样,'社会性因素'并没有成为个人心理状态的'配饰',也没有成为特定历史时期和特定社会场域的'附庸',在这样的时空环境中,人性的内涵才可以通过自我倾诉的方式得以彰显,当然这种叙述也可能会因为杂乱无章的信息而变得索然无味,但最终,一切外在的事物都不能代表人的内心本质。"正是由于霍加特拒绝做一个普通的个体,他才能成为"这样一位颇具浪漫主义情怀的社会学家。带着这样的情怀,他从社会场域的角度对各种情感进行描述,并让读者真切地领会到他的所思所想,这便是社会学隐含的浪漫主义特质"。

122

然而,与帕斯隆的观感恰恰相反,《新港街33号》其实并没有将"出身底层的知识分子"形象全面地描绘出来,这是因为在该形象的描绘中掺杂了理查德·霍加特过多的个人特质。这就使作者和同一阶层的其他个体之间出现了不严格的对等性,毕竟霍加特也只是其中的一个个案而已。如果我们能够掌握一系列同类型的"自我描写"案例,即同样出身于社会底层的英国知识分子,就可以发现,一方面所有这些个体都带有千差万别的特质而不仅仅具有共性,另一方面所有的这些特质都极具研究的价值而不能把它们当成次要信息。

就像我们刚刚提到的理查德·霍加特的例子,或者是哈罗德·加芬克尔所记录的阿涅斯的经历,[①]由于这些研究仅使用了单一个案,所以容易被误认为它们可用来解读所有与之类似的人群。这种做法会掩盖其他个体迥然不同的独特性,从而打造出一种典型且抽象的人物形象。在加芬克尔的作品中,阿涅斯是一名生为男性并以男性身份长大成人的研究对象,然而他(她)在内心深处一直认为自己是女性,直到有一天,借助医疗手段他终于实现了改变性别的愿望。实际上,加芬克尔的研究团队由不同学科背景的人员组成,他们对阿涅斯的研究主要以深度访谈的形式展开,该访谈持续了数月之久。其间,研究人员主要关注的是,阿涅斯这种对变性的渴望如何改变了她原有的性格、内心的情感和日常的习惯,而这三者又如何一天天地形塑她的性别身份。通过研究她与常人不同的经历,加芬克尔发现阿涅斯会使用一些"小伎俩":例如,为了在日常生活中不被当成异类,她只好不断观察和模仿其他女性的言谈举止,以便从中学习如何做女人。在这个具有代表性的"个案"中,阿涅斯的人物形象能够为研究提供新的视角,不过,该视角通常会湮没在日常生活的洪流中,这就是在制度规范的强力影响下而形成的性别分化。然而,阿涅斯是如何实现"反社会化"和"反再社会化"的,其他有类似愿望且处于同等境遇的男性具有哪些共性,

---

[①] 哈罗德·加芬克尔(Harold Garfinkel):《常人方法学研究》(*Recherches en ethnométhodologie*),巴黎:法国大学出版社,2007年(1967年第一版)。

想要了解这些问题仅用单一案例做分析还是远远不够的。①毋庸置疑,霍加特与加芬克尔的个体研究具有极高的学术价值,但对于个体社会学而言,二者仍不能成为"无懈可击"的范例。尽管如此,对单一且特殊的个案②进行分析往往会带来意料之外的"惊喜",它常会使研究者不得不转变思路。其原因在于,个案往往能突破由常规思维构建而成的研究框架,由此激发学者的社会学想象力。

2. 人物志的典范:共性与特性的结合

从已有的理论来看,人物志并非都采用相同的手法。其中,有些研究尤其强调个体以往的经历和多元社会化的影响;有些研究更加关注公共政策对个体独立性的要求;还有些研究侧重于分析个体化进程,就像萨特的那句名言所表达的:"重要的不是他人对我们做了什么,而是我们按照他人的意愿对我们自己做了什么。"③在这些以不同视角描绘出的人物形象中,研究者既可以解读形形色色的人生,也可以观察社会大环境对每个个体施加影响的过程。

---

① 也可以参见皮埃尔·亨利·卡斯特尔(Pierre Henri Castel):《难以想象的蜕变:试论性倒错与个人身份》(La Métamorphose impensable : essai sur le transsexualisme et l'identité personnelle),巴黎:伽利玛出版社,2003年。

② 让-克洛德·帕斯隆、雅克·勒维尔(Jacques Revel)编:《从案例中思考》(Penser par cas),巴黎:法国社会科学高等研究院出版社,2005年。

③ 让-保罗·萨特:《圣热内:戏子与殉道者》(Saint Genet, comédien et martyr),巴黎:伽利玛出版社,1952年,第63页。

在林林总总的写作方法中,给受访对象添加索引是目前学界广泛采用的技术:比如,在引述其原话之后和在专著的最后部分(用人名或其他符号)做出标注。考夫曼在《伴侣关系的织造》①一书中就使用了一种我们可称之为"人物拼图"(portrait déconstruit)的方法。全书中,我们能够很方便地查找所有受访者的访谈记录,另外,在书尾处也附有一份人物信息阅读指南。在这份指南中,不仅记录有每对夫妇的社会人口特征,还简要地介绍了他们在初级社会化阶段如何学习整理衣物,以及在这种成长背景下他们如何相识相遇等情况。在《争执》②一书中,考夫曼在人物简介的部分还添加了一项重要信息,那就是这些人物在书中出现的页数索引,这样读者就可以反复阅读每位受访者的相关段落,以便拼凑出他们的完整形象。

更概括地说,研究者应该在描写每个具有共性的人物时一并解答两类问题:一类是这些人物的个体性如何形成,另一类是他们的共性如何建立。我们可以从纳塔莉·海涅克的一项有关获奖作家的研究中窥见怎样用社会学的方法撰写人物志。③

---

① 让-克洛德·考夫曼:《伴侣关系的织造》。
② 让-克洛德·考夫曼:《争执》。
③ 纳塔莉·海涅克(Nathalie Heinich):《"人上人"的"苦中苦":文学奖与社会认可》(*L'Épreuve de la grandeur. Prix littéraires et reconnaissance*),巴黎:发现出版社,1999年。

首先,只撰写一位受访者的人物志是不够的。在海涅克的研究中,起初只用了一个人物案例,其实该案例在当时也足以说明问题,那就是1972年获得了龚古尔文学奖并在此后的15年间一直在文学界耕耘的作家让·卡里埃尔①。在访谈中他讲述了获奖这件事怎样搅乱了原本的生活,又怎样始料未及地将他变成一个毫无个性的庸人。在他看来,有人读他的书是因为他得了奖,这令他感到内疚,仿佛自己利用得奖这件事哄抬了作品的价值。基于该个案提供的信息和初步的理论架构,纳塔莉·海涅克完全可以点出其中的关键问题:即他人给予个体的高度认可能够产生负面效应,同时也会带来像"自我膨胀"这样的消极结果。然而,海涅克并未止步于此,她紧接着又对其他作家展开了调查。书中,她共对八位作家进行了描写,由此来说明并不是所有人都会以同一种方式经历和面对获奖所带来的"一夜成名"。其中,安德烈·马奇诺②的态度就与让·卡里埃尔大为不同。一方面,他表示他的才华并没有人们所说的那么出众,实际上一些"小众"作家和他十分看好但目前还未成名的撰稿人也相当有文采,他对此深信不疑。而另一方面,马奇诺又不屑于理会别人对他的那些负面评价,他甚至认为这类评价太"目中

---

① 让·卡里埃尔(Jean Carrière),《马鄂的雀鹰》的作者,并以此作品获得了1972年龚古尔文学奖。——译者

② 安德烈·马奇诺(Andréi Makine),《法兰西遗嘱》的作者,并以此作品获得了1995年龚古尔文学奖。——译者

无人"。"我是为我而活",并不是为"他人的目光而活",这就是马奇诺一贯秉承的理念。

其次,使用特殊的分析工具。人物志应以理论架构为基础。我们可以从海涅克的研究中了解到这一点。在她看来,获奖这件事首先会带来这样一个结果,那就是在作家对自我能力的主观认知和社会对其能力的客观认可之间形成一个"程度上的差异"。为了说明社会认可为何能够对作家产生影响,海涅克创建了一套"三重"身份认知模型,其中这"三重"身份来自于"个体对自我的感知、个体对某个问题的解读,以及他人的界定"(第188页)。而当"三重"身份认知之间出现差异时就会产生冲突:"这往往是由于个体对自我的内在感知不符合他人对个体的外在界定,同时这种认知上的不一致又是通过个体对某件事的解读而显现出来的。"(第191页)出于这样的原因,获奖的经历便会破坏"三重"身份认知之间已有的调节系统,迫使作家为了迎合他人的评价而改变自我的身份感知,以便减少潜在的冲突。

再次,为了便于实践,还需按如下三个步骤撰写访谈报告:第一,初步列出提纲;第二,对所有的人物加以描写,这往往耗时最长;第三,从整体上进行分析、归纳。无论是海涅克的《"人上人"的"苦中苦"》,还是拉伊尔的《个体文化》,亦或是桑格利的《自生青少年》,都是这样做的。以上步骤表明,人物志不仅能够生动形象地呈现出各类调查所获取的结果,还可以为理论工作提供素材。

在第二个步骤中，按照什么顺序来呈现不同的人物形象，这可以因人而异。在海涅克的研究中，因为从逻辑上讲，作家对待社会评价的态度没有优劣之分，所以她在描写访谈对象时并没有按照特定的顺序对他们依次加以介绍。而在拉伊尔的研究中，为了展现多元社会化之间的不和谐关系，他选择从典型案例入手，先由同属于一类文化群体的个案开始，而后再分析每一类社会阶层内部的不同人物案例。桑格利也把人物志的撰写工作分成了两个步骤。针对上层社会出身的"自生青少年"，他首先列举了一些能够顺利完成"阶层分化与身份调节"的个案，随后又对那些"难以实现身份整合"的研究对象进行了刻画。

关于第三个步骤，我们并不能把它看成是人物形象的简单分析。举例来说，在这个步骤中，针对"功成名就所带来的困扰"，海涅克的处理方法是试图归纳作家们的应对策略，或者用更学术的语言来说，就是他们如何缓解"突如其来的身份认知冲突"（第180页），以及如何克服生活中遇到的其他困难。如果我们将本章开头提及的各种分析方法与人物志加以对比，便可以发现，在撰写人物志时必须遵循两个原则：其一，针对某一现象，不要只关注一类案例（尤其是罕见案例或在统计意义上极具典型性的案例）；其二，针对某类案例，不要只研究单一个案。

第五章　个体主义的多元表述

在媒体、政界和日常用语中,"个体主义"一词往往带有贬义,人们常把它与道德领域的自我中心主义和经济、政治领域的自由放任主义联系在一起。而与此同时,也有些反对个体主义的人爱用个体主义的逻辑表达自己的立场。举例来说,2018年初,法国政府试图推行高中毕业会考①和高校入学制度改革②,此次改革在社会上引发了强烈的不满,而这种不满情绪恰恰来自于民众的个体主义思维。其中,学生家长联盟③就坚持认为:"每个学生都应该在出于自身意愿的情况下接受高等教育,此乃育人之本。"所以,国家必须出台必要政策以"扶助每一名高中学生按照自我规划来实现自我发展"。在这样的表述中隐含着一种意识,即人人都有权选择

---

① 法国高中毕业会考制度(BAC)源于拿破仑政府时代,是法国高中生获得中学文凭并进入高等教育机构而必须参加的考试。如今,已有超过80%的学生能够顺利通过考试并升入大学或大学校预备班学习。——译者

② 2018年,为了遏止高等教育资源上的浪费,提升人才选拔效率,马克龙政府尝试改变"宽进严出"的考试机制,抬高高校入学门槛,用以加强学生的竞争意识,降低大学辍学或肄业的比例。然而这次改革被认为违反了"教育公平"的理念,由此激起了广大学生及家长的不满,并引发了大规模的抗议活动。——译者

③ 学生家长委员会联盟(FCPE)公告,2018年1月。

自己想过的生活,所以国家应为每个个体服务,使他们达成各自的目标。于是,当政府主张将高校录取导向与学生的个人素质挂钩,也就是根据能力和"天赋"选拔人才时,反对者便纷纷提出异议,他们认为因材施教并让所有高校学生各取所需才是恰当的方案。与这类意识相同,还有一种立场也颇具个体主义意味。该立场提倡教育资源的均衡配置,尤其针对那些成绩不甚理想的学生,更应给予同等的关怀(然而大学校预科班①的设立恰恰与这种立场背道而驰)。

在当今各种各样的论争中,我们可以窥见个体化进程给社会带来的影响。本章将在这些论争中选取两类问题详加阐述。第一是从政策角度和多元民主制度的框架下讨论权力关系和自我支配权的问题。第二是以法国社会为例,用政治学和社会学的视角,将草根阶层逐渐确立的个体性作为必要的研究对象进行分析。

第一节 对自我的支配权和对外界的影响力

让·皮克·德拉米兰多尔(Jean Pic de la Mirandole)曾

---

① 法国的大学校预科班(classes préparatoires aux grandes écoles)是在中学阶段选拔优等生的一种手段,其主要目标是筛选并培养优秀学生升入大学校,而这些大学校往往是法国最具名望、精英群集的高等院校。因此,大学校预科班往往竞争激烈,选拔标准严苛,只有少数优等生才能进入预科班就读。——译者

在 1486 年所著的《论人的尊严》(De la dignité de l'homme)中,以上帝的口吻写道:

> 噢亚当,我既未赐予你独特的面容,又未给予你专属的身份和特殊的才华,正因如此,你才能凭借你自身的求索、学习与内化而塑造你的面容、身份与才华。在自然界,其他物种不得不屈从于我所制定的法则。而你,却能够超脱于任何的约束,凭借你本身拥有的智慧和我赐予你的双手来认识和改造自我。我将你置于天界和地界之间,就是为了让你更好地审视万物。我既不把你化为天,也不把你做成地,既不让你转瞬即逝,也不令你长生不老,这也是为了使你能够像自由的画家或雕塑家那样随心所欲地塑造自我,由此来铸就你与众不同的样貌。①

上帝将自我认知和自我改造的权力交付于人的手中。米兰多尔的这一观点恰恰与个体主义思想不谋而合:即个体(该词比"人"更为恰当,因为后者太过忽视女性的存在②)不

---

① 引自玛格丽特·尤瑟纳尔(Marguerite Yourcenar)的译文。
② 在法语中,"人"(homme)是阳性名词,常用来指代全人类。在如今倡导女性主义的西方社会,如果用该词代表全人类,那就会被视为一种忽视女性地位的表现,因此当前越来越多的学者选择使用"个体"这一中性词汇。——译者

应被其内心或外界的束缚所"囚禁",而要努力冲脱且逾越各种障碍。

在过去,父权左右着社会关系的建立,而对它的批判则象征着个体对外部压迫的反抗。让-雅克·卢梭在撰写《新爱洛依斯》(1761)一书时,就借用圣普乐(Saint-Preux)的书函表达过这层意思。由于爱人朱莉的父亲不肯接受两位年轻人的恋情,也不答应他们的婚事,于是圣普乐在信中愤懑地写道:

> 如果有一天,您的女儿询问我如何对付您的管控,请您放心,我一定会让她坚决地驳回您不讲情面的要求。您以为您能一手遮天、无所不能,但实际上我拥有比您更神圣的权利;我和朱莉的感情远远超越您作为父亲的权威,人的心性就应如此……您这个粗鄙蛮横的父亲,根本配不上如此温情的称号,您的女儿是那样的体贴、顺从,而您却用您的门户之见斩断了她幸福的去路,这是对至亲之人耸人听闻的加害。①

从这些语句中可以发现,爱情本应无关于外部的权威和胁迫,只源于两个个体对彼此发自内心的倾慕。

---

① 引自《新爱洛依斯》卷三,书信十一《复信》。——译者

一些实例

我们需要通过一些实例来看看,现今社会中的个体是如何掌控和运用自身的权力来认识自我与外界环境的。实际上,一开始,人们极少意识到他们对自我的支配力和对外界的影响力(至少在过去就是如此)。无论是杰克·凯鲁亚克(Jack Kerouac,1957)笔下"在路上"的年轻人,还是内尔斯·安德森描写的"流浪汉",[①]这些人物所担忧的还都只是社会凝聚力的弱化。在《微不足道》[②]中,"两位支持无政府主义的游居女孩"同样如此,她们表现出的仅仅是一种离群索居的态度:

> 尽管铤而走险的旅程充满着迷茫与纷乱,但她们相信这样的旅程能够带来精神上的充实,同时也能远离众人习以为常的畏惧与顺从。可以说,漂泊的生活既是明知不可为而为之……又是一种为了自由的抗争。

"新时代的游居族"(new age travellers)也选择了类似的生活方式,他们坐着大篷车或廉价的巴士,随心所欲地游走

---

① 内尔斯·安德森(Nels Anderson),《流浪汉》(Le hobo),巴黎:阿尔芒·科兰出版社,2018 年(1923 年第一版)。

② 无名作者:《微不足道:两位无政府主义游居者的苦难》(Off the map. Tribulations de deux vagabondes anarchistes),里昂:班布尔出版社,2017 年。

各地。① 但同时,这些年轻人也形成了一个个按照公认法则组织运作的小团体,他们在自发形成的"村落"②中达成民主决议,与其他成员一起制定选举方案,并在其游居的过程中奉行"生命在于体验"的思维方式。而这种思维方式使每位游居者都有可能摆脱主流的价值、抵制正统的权威。

另一件事发生在2010年,一位名叫劳拉·戴克尔(Laura Dekker)的14岁小姑娘打算独自一人驾驶帆船完成环球航行。当然,由于她的父母此前常带她进行这项运动,因而这对劳拉来说并不是一次毫无把握的尝试。可熟料,儿童保护机构向法院提出申请,企图打着"为了孩子"的旗号终止她的远航计划。这些机构的工作人员认为:一方面,劳拉在行程中的安全无法保障;另一方面,长时间的独自航行也有碍于她"社会交往能力的发展"。不过好在,法院最后并未通过保护机构的申请,而劳拉也终于得以成行。她用519个日日夜夜实现了自己的远洋之梦,并成为了史上独自完成环球航行的最年轻的帆船手。

---

① 安尼克·德洛姆(Annick Delorme):"在朝不保夕中实现的个体化:对两个英国新时代游居族团体的研究"(Le processus d'individualisation en situation de précarité : deux communautés de New Age Travellers en Grande Bretagne),载于《国际社会学杂志》(Cahiers internationaux de sociologie),113期(2002),第261—284页。

② 作者之所以使用"村落"一词,是为了强调成员间的情感联结、游居族与大自然的亲密接触和在小群体中显现的整合性,而并非是指行政区划意义上的"村落"。——译者

如果以上这些"离群索居"的行为常被视为一种消极的选择,那么还有一类重要的个体化方式被认为是富有积极意义,也更易得到认可的行动。这类个体化方式显然带有"制度化个体主义"的色彩。正如乌尔里希·贝克所言,从 20 世纪 60 年代开始,也就是我们第一章所提到的现代性的第二阶段,"社会的主要组织机构逐步面向个体,它们迫使人们对自我发展和个人经历负责",[1]并让他们不得不"在制度的胁迫下成为个体"(比如社会要求每个人都应有能力进行自我规划并承担法律责任)。

由此,那些身处底层的个体便有可能在面对社会救助时不自觉或有意识地编造出一套虚假的身份,[2]并用"自说自话"的方式来建构这种身份。蕾切尔·布拉伊和迪迪埃·弗兰肯就曾对一些面向社会边缘群体开放的戏剧讲习班进行过一番考察。[3] 为了从心理层面帮助这些群体,政府(这里是指比利时政府)为他们提供长期的免费戏剧表演课程,旨在使他们借助艺术性的团体活动来学习如何"将自己塑造为主

---

[1] 达尼罗·马尔图切利:"个体社会学的三种路径",载于《空间·时间》(*Espaces Temps*),2005 年,https://www.espacestemps.net/articles/trois-voies-individu-sociologique/。

[2] 伊萨贝尔·阿斯缇耶:"从讲述个人生活到讲述民间社会:自尊的重塑?",载于《社会与政治关系》。

[3] 蕾切尔·布拉伊(Rachel Brahy)、迪迪埃·弗兰肯(Didier Vrancken):"作为主体的自我实现:从戏剧讲习班'走出阴霾'"(Se réaliser comme sujet dans un atelier-théâtre pour tenter de «s'en sortir»),载于《社会学 S》,2012 年,http://journals.openedition.org/sociologies/3964。

体"。在初级课程中,学员需要"释放"自我,尤其是要学会在众人面前"表现本我"。之所以这样做,就是为了让他们感知"自己的内心世界,并发掘那些以往未被察觉的潜能",哪怕他们是被主流社会厌弃的人也应具备某些才能。而到了课程的高级阶段,他们对自我的认知就不再通过"示人本相"来实现,而是借由道具和角色扮演来完成,只不过学员在这里所扮演的"角色"与以往他们所做的伪装全然不同。正是这种"社会化之后的全新自我"才使得每位学员可以客观地反思他们过去虚假的"述说",并在其他学员的帮助下重新构建且公开阐述自己的想法。除此之外,戏剧课还意在让他们学习如何炼成内心强大的人,突破当下那个封闭的自我,并最终成为能被他人所接受的主体的一员。

对于上层社会群体来说,他们能够适时地从其扮演的社会角色中"超脱"出来,例如通过瑜伽课来做自我"释放",但对于社会边缘群体来说,制度化的个体主义却鼓励其融入群体并建立新的社会角色,如此一来,他们才会更好地"作为主体自觉自愿地整合与构设各种各样的社会身份"。从这个意义上讲,前者追求的是本真的"回归",①而后者则属于自我的强化,而且这种强化还是通过心理重建来实现的。在《身心

---

① 要了解西方个体主义思想所塑造出的个体形象,请参见弗朗索瓦·德·桑格利:《双重自我:社会身份与个人身份》(*Double Je. Identité statutaire et identité personnelle*),巴黎:阿尔芒·科兰出版社,2017年。

俱疲的自我》①一书中,作者认为个体也许可以通过欲得身份的设定和社会资源的运作成功地找回真我。但这并不一定表示,每个人都对自我有着倦怠感。对许多人来说,"没有自我"也会令人困顿,②那些无法遵照现代社会的要求实现个体化的人们尤为如此。

1."我的身体属于我"

从上述实例我们可以察觉,在过去很长一段时间儿童和妇女都被看成心智不健全的人,而当今社会已开始纠正这一误判。就拿儿童来说,在1989年通过的《国际儿童权利公约》中,有两项条款对儿童拥有的某些权利给予了认可。首先是第12条。该条款规定:"缔约国应确保有主见能力的儿童有权对影响到其本人的一切事项自由发表自己的意见,对儿童的意见应按照其年龄和成熟程度给以适当的看待。为此目的,儿童特别应有机会在影响到儿童的任何司法和政策诉讼中,以符合国家法律的诉讼规则的方式,直接或通过代表或适当机构陈述意见。"同时,第13条还规定:"儿童应有自由发表言论的权利,此项权利应包括通过口头、书面或印刷、艺术形式或儿童所选择的任何其他媒介,寻求、接受和传递各种信息和思想的自由,而不论国界。"③更确切地说,儿童的个体

---

① 阿兰·艾伦伯格:《身心俱疲的自我》。
② 弗朗索瓦·德·桑格利:《双重自我:社会身份与个人身份》。
③ 条款译文引自《儿童权利公约》原文。——译者

化(从亲子关系的意义上讲)主要发生在青春期,这个年龄段的未成年人已有能力向社会表达个人的主张,并可以构建一种全然不同于其父母那辈人的青少年文化圈。[①]

再以女性为例,以往的社会通常将她们框定在妻子和母亲的角色之中,这大大有碍于其个人身份的建立,而当前女性自我意识的崛起正是源于她们对这些既定角色的反叛。实际上,女性主义思潮的涌现恰恰反映出诸多女性的个体化诉求。在《玩偶之家》[②]的第三幕中,女主角娜拉对夫权的反抗和对妻职的思疑极好地表达了个体意识的内涵。无论男人、女人,都不应该被某一类特定的社会角色所绑架,否则便会限制其个性的展现。于是便有了以下的对话:

海尔茂:离家出走,抛夫弃子!难道你不怕人家说闲话?

娜拉:我才不会理会那些闲言碎语。我只知道我必须要走。

海尔茂:简直是无法无天!你放弃了你的天职,以后可别为此而后悔。

娜拉:你说什么是我的天职?

---

① 弗朗索瓦·德·桑格利:《自生青少年》。
② 亨利克·易卜生(Henrik Ibsen):《玩偶之家》(*Maison de poupée*),巴黎,袖珍读物出版社,1990年(1879年第一版)。

海尔茂:这还用我说吗?相夫教子难道不就是你的天职?

娜拉:我还有其他重要的事要做。

海尔茂:胡说!你还能有什么重要的事?

随后,娜拉表明了自己的立场:"我坚信,我和你一样,首先应是一个大写的人,或者正努力成为一个大写的人。"可见,她将自己与他人同等的个体性摆在了"首要"的位置,所以,从今往后,她便可以做自己的主人,来决定成为什么样的人,以及如何成为这样的人。

其实,对女性颐指气使的不只有她们的丈夫。在职场上,欺辱与歧视女性的现象如出一辙。就在《纽约时报》(2017年10月5日)将哈维·韦恩斯坦(Harvey Weistein)的性骚扰事件公诸于世之后,记者桑德拉·穆勒(Sandra Muller)在法国掀起了一场名为"揭发那头猪"(♯Balance ton porc)的网上行动,她鼓励女同胞勇敢地说出她们曾在家中、职场和街头遭遇过的性暴力和性骚扰。此倡议一出立刻就得到了广泛的响应,甚至可以说最终形成了一场大规模的维护个人权利的社会运动。

然而,就像所有推动文明进步的运动一样,总有人会站在对立一面,《世界报》(2018年1月9日)就曾刊载这样一句话:"这些女人真是不可理喻。"在该报看来,揭发性骚扰的社会行动纯属大惊小怪,而且这种行动还会对现有的社会秩序造成危害。此文作者认为：

> 对女性身体的碰触并不会伤及她们的尊严，就算有时这些碰触令人不悦，也不会让她们成为终生的受害者。毕竟，我们都是肉身做的凡人，难免受到内心冲动的驱使。

那么按照这一逻辑，肉身难道只是一件无足轻重的"外衣"？这里我们可以看看"揭发那头猪"的参与者之一凯瑟琳·米耶(Catherine Millet)[①]的说法。在法国文化广播电台的一档节目中，她谈到了对性侵的看法："这种行为会让受害者感到身体不再属于自己。"当然她也表示，因为从未有过类似的遭遇，所以无法"用切身体会来证实受害者是否能够走出阴霾"。

实际上，支持此次行动的女性并不认为精神上的创伤看成是永久的，而肉体上的侵害是暂时的。她们相信，个体对自我身体的掌控权是人身权力的根本，忘记了这一点也就等于忘记了人身权力的存在。从这个意义上讲，"揭发那头猪"与主张女性应有避孕权和堕胎权的社会运动十分相似，它们都秉持着"我的身体是我的、我的身体我做主、是否生育由我决定"这样的立场。

[①] 法国著名女作家、艺术评论家。——译者

然而,身体之所以常被当成"皮囊"或一件无足轻重的"外衣",这并不全是因为在西方社会人们逐渐接受了一种价值取向,即个人身份代表着内在属性,它与衣着、外表和社会角色等外在特征壁垒分明。事实上,在同样的价值取向下,"身体"还带有另外一重与之自相矛盾的意涵:从外部特征来看,身体是"灵魂的体现",是内心的投射,也是个人特质的标识,而不能与外在特征相互割裂。正是出于这一原因,在西方个体主义思想的发展进程中,人们是否拥有自主意愿和拒绝他人的权利便成为了一项中心议题,而其中,与身体掌控权相关的讨论又是重中之重。

毋庸置疑,我们在进行某些行为之前必须征得他人的许可,但有时也不能僵化地把这个过程看得太过"正式"(凯瑟琳·米耶曾在法国国际新闻广播电台[France Inter]中戏谑地讲:"……哦这可不行,您看,我们是不是在亲热前先当着公证人的面签个合同……")。

那么,这里涉及的就是一个如何从法律层面看待身体支配权的问题。藉此,我们可以通过对"婚内强奸"这一概念的解读来了解该权力背后隐藏的含义。在 20 世纪 80 年代以前,婚姻关系一直被视为一种夫妻双方"在共同生活中相互构建的义务责任关系",其中,性关系就包含在这种义务责任关系之内。1980 年 12 月 23 日颁布的法律条文中还曾这样写道:只要"配偶双方一致认可婚姻关系的存在,并以夫妻身份长期生活在一起,那么他们之间的性关系便被认为是自动成立且无可厚非的"。而此后,该法律几经修改,① 最终有关"默认性关系存在"的表述均被删除。2010 年 7 月 9 日颁布的新法将针对女性实施的暴力与家庭暴力及其对子女的不良影响一并纳入正式条文,同时该法律还明确道:"无论施暴者与受害者之间存在何种性质的关系,哪怕是婚姻关系",强迫对方发生性关系的行为均属强奸。

现今,对身体掌控权的个体主义诉求已开始显现出新的转向,而"我也是"(♯metoo)和"揭发那头猪"的集体行动恰恰体现了这种转向:过去人们所关心的要么是男女双方的情投意合,要么是他们彼此的暴力相向,而当前,那些处在二者之间的"灰色地带"则越发引人瞩目。于是,社会逐渐形成了这样一种共识:

> 如果女方借助任一方式表示拒绝、暂时拒绝或不做表态,而男方一旦违背女方的意愿发生关系,那么,这就会构成性虐待和性暴力,同时施暴者也必会受到法律的严惩。②

---

① 参见 http://libertees.blog.lemonde.fr/2012/07/15/viol-conjugal-le-droit-avance/,同时也可参考乔治·维加埃罗(Georges Vigarello):《强奸史》(*Histoire du viol*),巴黎:色伊出版社,1998 年。

② 布兰丁·格罗斯金:"你想不想要"(Tu veux ou tu veux pas),载于《世界报-历史版》(*Le Monde-L'époque*),2018 年 1 月 28 日。

2. 意愿与自主权

我们可以很清楚地看到罗伯特·卡斯特尔所持的"私有个体主义"[①]。在他看来,现代性虽然给予个体一定的自由,但也使他们变得空虚落寞、形单影只,所以只能借助物质上的"囤积"来求得"富足"。不过,这种"囤积"行为不单单是个体性的活动,还是群体性的现象。在诸多有关个体化进程的研究中,不少学者侧重于对身份构建问题进行分析,但卡斯特尔却独树一帜,他专注于从另一个维度,也就是"物质基础"(consistance)领域展开探索。他认为,个体为了生存必须拥有一些"赖以维系的支持和依靠"。而"社会资源",尤其是在劳动就业和社会保障中获取的物质资源,可以为那些财产匮乏(指私有财产匮乏)的人提供"必要的支持,这样他们才会凭借自己的力量并为了追求自己的理想而生活"。[②]

正因如此,令卡斯特尔尤为担忧的便是福利国家与工薪社会在运转不灵时所面临的问题:一方面这些问题关乎资源的无法持续供给,另一方面则涉及资源的难以全面覆盖。通常,由于某些特定的人群"不易归入既定的类属",所以常会被当成"默认的个体"(individus par défaut)落入就业市场和

[①] 罗伯特·卡斯特尔、克罗蒂娜·阿洛什:《私人所有,社会所有,个人所有》。

[②] 然而,在"黄金三十年",社会福利仅向在职人员及其家属发放,女性并不能直接享受社会保障,她们只能通过维持家计的丈夫,间接地获得社会提供的物质资源。

社会保障之间的"夹缝",最终变得身无分文、朝不保夕。① 与此同时,这些人也往往会失去"掌握自主权(la propriété de soi)的能力",从而不再有独立的自我意识。举例来说,为了培养一个人的自我意识,让他拥有一块属于自己的空间通常是十分必要的。但阿贝·皮埃尔基金会(Fondation Abbé Pierre)的研究报告却显示,目前仍有接近9%的家庭住在过度拥挤的房屋中(这里是按照夫妇二人用一间房、一名15岁以上的孩子或两名15岁以下孩子用一间房来计算的)。

所以说,想要成为真正的"个体"必须有一定的物质支持,如果我们对该问题加以延展,就可以更深入地理解性骚扰到底是怎么一回事。倘若一个人能够不屈从权威、不愧对自我,那他必须拥有说"不"的资本和底气。② 这就是为什么在不对等的关系中(如成年人与未成年人、上司与下属),两情相悦的爱恋常会受到质疑和反对,这在美国社会尤为如此。然而,凡事也有例外:国际货币基金组织前总裁多米尼克·斯特劳斯-卡恩(Dominique Strauss-Kahn)与女部下、经济学家皮萝什卡·纳吉(Piroska Nagy)爆出的桃色新闻就未能得到刨根究底的问责。该事件的调查报告仅用了"两厢情

---

① 罗伯特·卡斯特尔:《过度的个体与默认的个体》(Individu par excès, individu par défaut),载于菲利普·柯尔库夫、克里斯蒂安·勒巴尔:弗朗索瓦·德·桑格利编:《今日个体》,雷恩:雷恩大学出版社/瑟雷西学术研讨会,2010年,第273—282页。

② 是否有权说"不",这不仅涉及与"自由"相关的讨论,还涵盖与"平等"相关的思考。

愿"一词便草草下了定论,正是这个词让卡恩免受责罚。然而,纳吉在随后的一封公开信中反驳道:"我认为,恰恰是斯特劳斯-卡恩先生滥用手中的权力,才迫使我沦为他的情妇。他用各种不正当的手段一步步胁迫我与他发生关系,对此我曾向各位详细地进行过描述。虽然我已在职场打拼多年,但仍没有料到作为总裁的他会做出如此出格的事。"应该说,纳吉之所以屈服于卡恩的"淫威",恰恰是因为她考虑到自己没有说"不"的资本。

十年过后,人们对该事件的看法发生了改变:民众普遍认为,斯特劳斯-卡恩在女下属面前施展"魅力"(此为其律师的说辞),这本身就构成一种骚扰。而伴随着民众观念上的改变,反暴力与反性骚扰的抗争运动也开始风起云涌。我们可以说,这些运动正在消灭或试图消灭性解放所带来的"副产品"。就像伊娃·依鲁兹曾讲到的,"如果不改变男性在经济与政治领域的霸权地位,那么单纯地解放性权力只会让女性在肆无忌惮、毫无节制的性交易中沦为弱势群体"。[①] 对于女性,尤其是那些本身就处于社会底层的女性而言,不平等的社会关系往往能够强行介入她们的私生活。从这个意义上讲,侵犯、骚扰、强暴并不是情色欲望的表现,而是"统治者、征

---

① 参见伊娃·依鲁兹(Eva Illouz):《为何爱情会伤人》(*Pourquoi l'amour fait mal*),巴黎:色伊出版社,2012年;以及"女性:性解放运动的输家"(Les femmes ont été les grandes perdantes de la révolution sexuelle),载于《哲学杂志》(*Philosophie magazine*),第116期(2018)。

服者和支配者寻欢作乐"的表征(在依鲁兹看来)。因此,全社会应该严令禁止那些"以权谋色"的行为,并借助这种方式对现今混杂无序的权力关系与情爱关系加以厘清。

3. 病患的权利

"我的身体我做主"表达出了个体主义理念的内涵。而同时,该理念又催生出一项重要的法律,这就是于 2002 年 3 月 4 日颁布的"患者权利法"①。其中,L 1111-4 号条文就对病患所拥有的权利进行了规定:

> 所有患者都有权从医务人员那里了解且明晰的诊断情况、治疗意见和与其健康相关的临床决策。在向患者说明各种治疗方案的不同疗效后,医生应尊重患者的选择。如果患者的选择会妨碍或终止治疗,并危及其生命,医生应尽可能地说服患者接受必要的护理。

该条文还做了如下规定:"在未经患者本人出于自身意愿做出明确许可的情况下,不得采取任何医疗措施,也不得实施任何治疗方案,而患者做出的许可也可以随时撤销。"正

---

① https://www.legifrance.gouv.fr/affichTexte.do?cidTexte=JORFTEXT000000227015&categorieLien=id

是根据这项法律,医生才不得不让患者事先在知情书上签字,并在签字前给其充分的时间进行考虑。

可是,就算病患是心智健全的成年人,他们做出的决策在医生看来也常常极具风险。但由于法律条款对患者的权利有着明确的表述,因此作为医生,倘若违背患者的意愿,便定要承担民事责任甚至面临处罚。于是,全法医师协会(Conseil national de l'ordre des médecins)开始提议限制患者的这种"身体自主权",尤其是在"他们因长期绝食或实施自杀而处于生死关头"的时候。其中的原因就在于,已有的法律在处理一些特殊病患的案例时存在明显的前后矛盾,比如"耶和华见证人"①的信徒拒绝接受输血治疗就属于这种情况。而面对这些特殊案例,法律的要求却是:"对于一些相信信仰能够治愈疾病的患者,医生应充分尊重其意愿,但在患者做出决定前,医生首先应让其知晓消极治疗所带来的后果。而当患者出现生命危险的时候,医生出于良知仍有义务对其进行救治。"

这里,让我们简要地回顾一下"耶和华见证人"的女信徒埃罗伊斯·杜普伊(Eloïse Dupuis)在医院不治身亡的事件。该事件发生在 2016 年 10 月 12 日,起因是杜普伊产后失血而急需输血治疗,可她执意拒绝接受救治,最终离开了人世。事件发生后,魁北克省副首席验尸官吕克·马鲁因(Luc Malouin)

---

① 国际宗教组织,该教派的信徒认为输血是一种罪。——译者

为此撰写了调查报告。他认为,虽然明知患者的抗拒行为会危及生命,但在当时,医生无法强迫这名"耶和华见证人"接受输血。在报告中,他引述了民法里的一项条款,即所有心智健全、意识清醒的成年人都有权拒绝对其实施的医疗护理;同时,马鲁因还将权利法案中所规定的维护个人意志自由和信仰自由的条款写在了辩辞中。然而,此报告刚一公布,反对之声便甚嚣尘上。其中,埃罗伊斯·杜普伊的姑妈玛农·布瓦耶(Manon Boyer)就对有关保护信仰自由的表述提出了异议。在她看来,验尸官并不能如此肯定地说杜普伊之所以拒绝输血完全是出于她个人的自由意志,这是因为,"加入'耶和华见证人'的行为本身就不是由她来主导的。其实,杜普伊的父母在她出生之前就已皈依了这一教派。所以,在她26年的短暂人生中,每天被灌输的和每天在阅读的都是'接受他人的血液就等于允许撒旦附体'这样的教规"。恰恰是这个原因,布瓦耶对她侄女在如此封闭的家庭氛围中还能够使用"自由意志"来做出个人决策深表怀疑。

可见,在初级社会化过程中习得的价值观念能够限制一个人作为权力主体的"自由"意志,由此使之成为某种教育的牺牲品。伊曼努尔·康德在《什么是启蒙运动?》(1784)一文中讲道,人们的外在表现通常来自于他们在初级社会化阶段耳濡目染的行为及思想,尽管如此,每个人仍然"需要具备独立思考的能力"。不过说到底,他的这种对自由意志的思辨式论述存在欠缺。倒是社会学的某些观点能在这里派上用场。借由这些观点,我们可以对"意愿"这个概念进行反思。在某种程度上,意愿只是自愿接受制度约束的一种可能出现的行为态度。一般情况下,人们并不会全然被社会系统"绑架",而是根据不同的社会化路径和具体的时空情境自主地采取行动。所以,在"意愿"的框架下,如何对"人"加以解读便决定着怎样对个体主义进行诠释。

制度化个体主义认为,人们可以做出有悖于权威意见的决策,而这些决策在理性和认知层面可能还更为明智。若要深入理解这一观点,那就需要回顾一下约翰·斯图尔特·密尔在《论自由》(1859)中的阐述:"如果一个人具备足够的常识与经验,那么最好的办法就是让他用自己的方式来决定自己的人生,这并不是因为他的决定是最好的,而是因为那是他自己的人生。"[①]

当然,这种制度化的个体主义立场同样也在一定程度上限制着表达个人观点的一部分自由。一个经典的例子就是,最高行政法院出于对个人尊严的维护(这是莫桑苏奥吉市市长的理由),于1995年10月27日下达了禁止"抛掷侏儒"活动的法令。[②] 自此,就算侏儒症患者本人同意与活动举办方签订演出合同,法律仍不会允许他们在晚会上做出被人抛掷

[①] 引用于米凯拉·马扎诺(Michela Marzano):《我愿意故我存在》(*Je consens donc je suis*),巴黎:法国大学出版社,2006年。

[②] "抛掷侏儒"是一项起源于美国和澳大利亚的娱乐表演,通常在酒吧和舞厅进行,在法国也一度风行。20世纪末,莫桑苏奥吉市(Morsang-sur-Orge)市长认为这项表演是对侏儒症患者的不尊重,并首先下达了"禁演令"。——译者

的表演。这种情况就如同虐恋,虽然"一个愿打一个愿挨",可任何一方都不能践踏人性的尊严,这也是所有人共同维护的道德底线。

而这里还有两个最为复杂的问题。首先是个人选择对他人的影响。在埃罗伊斯·杜普伊的事件中,这位女患者拒绝输血的决定使她刚出生的孩子在没有任何发言权的情况下便失去了母亲。其次是个人抉择与其他社会伦理之间的冲突。例如,在与"代孕"相关的争论中,有一种反对意见就担心,越来越多的人会涉足这种商业行为。那么这里的问题就在于,即便有严格的管制,生育能力是否仍可以拿来交易?140 那些借助代孕而喜当父母的人又要拿什么来换取这样的生育能力?在让-皮埃尔·迪皮伊①看来,将代孕母亲和委托方夫妇捆绑在一起的那一纸合约阻断了"人伦情感"的自然发展进程,也违背了积素累旧、日久天长的基本家庭生活观念。在个体主义的支持者中,就连最倾向于自由主义的人也会对代孕市场的伦理问题提出质疑,麦克尔·J. 桑德尔就是其中之一。在他看来,如果个体主义所追求的既是人权的至高无上,又是人性的良善仁爱,那么从这样的价值理念出发,生育问题就不能用金钱来解决②

---

① 让-皮埃尔·迪皮伊(Jean-Pierre Dupuy):"序言",载于麦克尔·J. 桑德尔(Michael J. Sandel),《金钱不能买什么:市场中的道德约束》(*Ce que l'argent ne saurait acheter. Les limites morales du marché*),巴黎:色伊出版社,2014 年,第 7—27 页。

② 麦克尔·J. 桑德尔(Michael J. Sandel):《金钱不能买什么:市场中的道德约束》。

除此之外,我们再来看看另一种更为隐秘的选择,那就是协助自杀。虽然像"尊严死亡权利协会"(Association pour le droit de mourir dans la dignité)这样的团体极力主张将协助自杀合法化,但在法国,该行为依旧不被法律认可。作家安妮·贝尔特曾在书中描述过她患上渐冻症之后的艰难生活,这也是为什么她最终做出了前往异国他乡结束残生的决定。① 这种痛苦的述说也出现在一位妻子的口中,她的丈夫曾是一名记者,因患有同一种疾病而离开了人世。但在他生前,一些医疗机构竟不肯让他接受安乐死,甚至还武断地对他说:"您知道么先生,人就应该活下去,一直坚持到最后。"② 按照这一逻辑,倘若把人生比作一趟旅程,那么它何时抵达"终点",生者本人是说了不算的(即使他意识清醒、心甘情愿、直截了当地表示想要结束生命也不行)。所以,即便在当今社会,个体主义理念在法律的框架下仍会对个体自身的行为能力加以约束。于是,在《致生命,致死亡》③一书中,菲利普·巴塔耶列举了另外一种对待重症患者的合法护理方式,

---

① 安妮·贝尔特(Anne Bert):《最后的那个夏天》(Le tout dernier été),巴黎:法亚尔出版社,2017年。
② 劳伦斯·列维·贝兰(Laurence Lévy Périn):"法国抵制尊严死"(Non la France n'est pas complaisante avec la fin de vie dans la dignité),载于《世界报》,2017年10月2日。
③ 菲利普·巴塔耶(Philippe Bataille):《致生命,致死亡》(À la vie, à la mort),巴黎:欧特蒙出版社(Autrement),2012年;同时可参见弗朗索瓦·阿什(François Ascher):《健康检查:一本超现代日记》(Examen clinique. Journal d'un hypermoderne),拉图代格:黎明出版社,2007年。

用让·列奥奈蒂(Jean Léonetti)①的说法,那就是"优先缓解患者及其家属的痛苦",并以维持生命体征为重、以尊重患者自决为轻的医疗护理手段。由此,临终关怀便成了一种对患者个人意愿持保留态度的做法。

以上所提及的群体性或个体性的抗争都是为了给每个人争取更多的自主权,并以此来构建一套新的权力关系,这种通过重新界定权限来改变社会既定规范的请愿活动是前所未有的(在法国,有关生物伦理的法律条款每过五年就会修订一次,这也体现了社会规范的不断变动②)。一方面,反性骚扰的女性解放运动风起云涌;另一方面,以维护个体生命自主权为目标的集体行动方兴日盛。可见,在与个人权力相关的问题上,社会的个体化进程还将继续推进。

第二节 从无产阶级的集体性到草根阶层的个体性

虽然个体可以借助其"社会身份"和"个人身份"③实现自我的呈现,可是长期以来,社会学者所偏重的往往是对群体特征的描述,而较少关注个体独特而私密的生命历程,这种

---

① 2005年4月22日颁布的这项法律也被称为"列奥奈蒂法",其中对病患的权利和临终事宜均做了规定(请勿与2002年颁布的法律混淆)。
② 值得思考的是为何这些社会议题只会从伦理学的角度进行探讨。
③ 弗朗索瓦·德·桑格利:《双重自我:社会身份与个人身份》。

倾向在与底层社会相关的研究中尤为突出。即使有学者关注到个体,他们也常把那些与众不同的个案当成非比寻常或不可复制的特例:其中,这些个体既包括英雄、圣人、国王、智者、先知,也包括异端、小人或"奇葩"。因而,个体特征一度作为群体特征的一个"子集",只算得上少数人和非常人的专属。最有力的证明不外乎几千年来流传至今的古典艺术品。我们可以发现,除了十分少见的几件珍品外,大部分雕塑或绘画都缺乏对每个个体不同外貌特征的差异化描绘。而在文学、传奇和史诗中也是一样,它们极少对"草根"人物进行刻画(除非是那些具有先知或英雄特质的角色,但即便如此,他们也是异于主流的,甚至是离经叛道的①)。由此可见,在过去,个体性要么是一种从庸众之中凸显出的异常秉性,要么是一种从传说之中衍生成的非凡才能。

然而,到了以文艺复兴为起点的新时代,展现不同面部特征的肖像画开始在意大利或弗拉芒画派中流行,②另外,在18世纪的小说和随后兴起的文化产业中,我们都可以看到以

---

① 史蒂芬·华纳(Stephen Warner)、戴维斯·威曼(Davis Welleman)、丽诺尔·韦茨曼(Lenore Weitzman):"英雄、庸才和奸人:三类受压迫者的典型"(Le héros, le pauvre type et le combinard. Trois spécifications des opprimés),载于《空间与社会》(*Espaces & sociétés*),第30—31期(1981),第87—110页;丹尼斯·莫克朗(Denis Merklen):"城市中的制鞋商:底层社会的个体形象"(Les chausseurs urbains: une figure de l'individu en milieu populaire),载于文森特·卡拉代克(Vincent Caradec)、达尼罗·马尔图切利编:《个体社会学档案》,第57—74页。

② 杰克伯·布克哈特(Jacob Burckhardt):《意大利文艺复兴时期的文化》(*La civilisation de la Renaissance en Italie*),巴黎:巴尔蒂亚出版社,2012年(1860年第一版);茨维坦·托多洛夫:《个体的颂词——试论文艺复兴时期的弗拉芒绘画》。

往那些延续上千年的对个体视而不见的态度稍有转变。自此，人们较少再把个体当成异类或特例；伴随着制度化个体主义的确立，个体逐渐变为一种常态化的存在，以及一种有待构建的社会化模板。如今，社会上已经有了这样的认识：每个人都应该或被动或主动地将自己塑造为独一无二的个体。但不可否认，与新观念一起出现的还有对现代个体主义的曲解，其中就包括对草根阶层所具有的个体性的误读。

1. 社会阶层与草根身份

长久以来，人们在描述底层社会时，常常会用群体性的身份类属来掩盖其个体之间的差异。这部分人群长期被冠以某些雷同一律的特征，而他们多种多样的个性特质则备受轻视，甚至忽略不计。从19世纪开始直至20世纪的前75年，这种现象一直在持续。

草根阶层的崛起

在早期现代化阶段，当时社会最突出的表现就是结构性要素强有力地推动群体性特征的构建。在19世纪产于埃皮纳勒（Epinal）①的画作中我们就可以窥见这一点：这些画作常常喜欢把贫民描绘成一种负面形象的代表和一群社会底层的无名小卒。而底层人群本身，由于有着相同的生活经历和生活目标，又加上阶层意识的逐渐形成，所以他们也更强调

---

① 洛林大区、孚日省的省会，以制作版画、生产民间画闻名。——译者

自己作为劳苦大众的集体归属,而极少关注个体特征。我们应该记得,作为行动者,底层人群一直以来都保有一定的阶级意识,他们能够凭借近似的生活方式和受剥削、受压迫的共同体验达成一种相互之间的理解和沟通。正因为此,底层社会中包含的那些显而易见的异质性(例如这些人生活在城里还是农村,有着何种政治立场,从事何种工作以及来自哪个地方)便统统被极具蛊惑力又充满阶级情感的言论淡化了。

在劳工阶层当中,体力劳动者与专业技术工人因为工种的不同容易产生分化,然而大规模的工人运动之所以最终形成,恰恰得益于前者的个人权利意识与后者的无产阶级意识实现了聚合和统一。① 在法国,就像在两次世界大战间隙时那样,当草根阶层的群体特征被不断强化时,"红色市郊"②③便再度成为重点关注的对象。这也是当地居民的阶级意识、不当的区域治理方式和共生社群问题三者综合形成的后果。④ 而

---

① 阿兰·图海纳:《劳工意识》(*La conscience ouvrière*),巴黎,色伊出版社,1966年。

② 众议员保罗·瓦伊兰特-尤图里尔(Paul Vaillant-Couturier)在 1924 年的《人道报》(*L'Humanité*)上发文时第一次使用了这个词。

③ "红色"象征着底层民众对剥削、压迫的反抗,以及在斗争中形成的无产阶级革命精神;而"红色市郊"(Banlieues rouges)一词是指市郊居民普遍属于劳工阶层,支持共产主义政党。——译者

④ 弗朗索瓦·杜贝:《糟糕透顶》(*La galère*),巴黎:法亚尔出版社,1987年;安妮·费考特(Annie Fourcaut)编:《红色市郊 1920—1960》(*Banlieue rouge 1920—1960*),巴黎:欧特蒙出版社,1992年;伊曼纽尔·贝朗热(Emmanuel Bellanger):《伊夫里-红色市郊:20 世纪法国共产主义之都》(*Ivry, banlieue rouge. Capitale du communisme français*, XXème),巴黎:克雷阿菲斯出版社,2017年。

到了近代,在传统媒体(尤其是广播)、摄影艺术和流行歌曲的推波助澜下,草根阶层的身份特质逐渐得以确立。无论是塞利纳①笔下的市郊生活,还是帕尼奥尔②文中的农村社会,法国底层民众的主人公形象都借由他们丰富多彩的写作手法跃然纸上。

然而我们还应注意到,草根阶层的身份构建也来自于居住区域的分隔和文化观念的分化。首先,无论居住区域的分隔是否能够真正地使毗邻而栖的人们产生强烈的阶层意识,这种空间的切割都会增加不同群体内部的"归属感"和对外者的"排他感"。其次,在像法国这样的国家,精英式和普及型的双轨制教育系统各行其是,所以阶层分化的现象愈演愈烈。直至1959年,这两套上下有别的教育系统仍然井水不犯河水,③不仅如此,以高中毕业会考为标志的人才选拔机制在不同社会阶层之间也设置了坚固的壁垒,这样一来就加剧了社会群体间的分裂。④另外,学校教育还会使各类人群的活动、

---

① 路易-费迪南·塞利纳(Louis-Ferdinand Celine),法国小说家,代表作为《长夜行》(*Voyage au bout de la nuit*)。——译者

② 马塞尔·帕尼奥尔(Marcel Pagnol),法国剧作家、小说家,代表作为《马赛三部曲》(*Marius*, *Fanny*, *César*)、《山泉》(*L'Eau des collines*)等。——译者

③ 《贝尔敦法令》(Décret Berthoin)将义务教育延长至16岁并设立普通初中(CEG)。1975年,《哈比改革法案》(Réforme Haby)又在职业技术教育领域进行了一系列改革。

④ 埃德蒙·戈布罗(Edmond Goblot):《障碍与能力》(*La barrière et le niveau*),巴黎:法国大学出版社,2010年(1925年第一版);弗朗索瓦·杜贝、达尼罗·马尔图切利:《校园生活》。

行为、习惯越发趋向差异化,乃至形成广义上的文化区隔。如果说之前提到的带有政治意涵的阶层分化现象是出于底层社会的自主意愿,那么教育壁垒和区域隔离就属于一种外在的强制性分化手段。

鉴于此,一方面,群体身份得到了强化;另一方面,在20世纪上半叶那个特殊的历史时期,草根阶层的个体意识也受到了其他一些社会因素的压制。首先,人们在两次世界大战中的共同经历(对法国人而言,尤其是1914—1918年第一次世界大战)和在战壕里备尝艰辛的痛苦记忆,①加固了整个民族的集体宿命感,这种情感远超过阶级之间的区隔。另外,在两次世界大战的间隙,以及在第二次世界大战刚刚结束之后,各国政府也都在积极推进民族国家的构建,于是爱国主义情怀抵消了一切分化。② 其次,虽然与美国相比,法国更像一个稳中求进的"消费社会",但尽管如此,早在1918—1939年

---

① 斯特凡纳·奥杜因-卢佐(Stéphane Audoin-Rouzeau)和安妮特·贝克尔(Annette Becker)在《暴力与意愿:第一次世界大战中的"战争文化"》(*Violence et consentement : la 'culture de guerre' du premier conflit mondial*)一书中就持有这样的立场(载于让-皮埃尔·里乌(Jean-Pierre Rioux)、让-弗朗索瓦·西里内利(Jean-François Sirinelli)编:《文化史论》(*Pour une histoire culturelle*),巴黎:色伊出版社,1997年,第251—271页)。然而,也有一些历史学家不同意这种观点。例如,尼古拉·马里奥特(Nicolas Mariot):《战壕中的集体? 1914—1918,当知识分子遇见劳苦大众》(*Tous unis dans la tranchée ? 1914—1918. Les intellectuels rencontrent le peuple*),巴黎:色伊出版社,2013年。

② 理查德·库索尔(Richard Kuisel):《法国资本主义与国家权力》(*Le Capitalisme et l'État en France*),巴黎:伽利玛出版社,1984年;皮埃尔·罗桑瓦龙(Pierre Rosanvallon):《法兰西政治模式》(*L'État en France*),巴黎:色伊出版社,1990年;罗伯特·卡斯特尔:《社会性问题的异化》。

间,制造业的规模化与消费行为的大众化也在泯除不同群体之间的差异。尽管经济收入与文化理念仍会使不同阶层的消费行为迥然相异,但就该行为本身来说,它的确有助于缓慢地消减阶层之间的分隔。从1936年起,底层劳动者也开始加入外出度假的大军,成为旅游行业的消费者,这在过去是无法想象的。同时,一些新的现象也应运而生:工人们一边在生产车间快马加鞭,一边又在百货商店一掷千金,卓别林的电影《摩登时代》就描绘了这样一番充满冲突感的景象。

在当时的法国学界,个别劳动者的经历往往会被书写成全体劳动人民的生活史。即便每个个体仍保有一定的独特性(但不知这些独特性是何以留存的?),但个人身份中的那些异质性元素在其所属群体及其社会身份面前依然是微不足道的。可见在那时,对集体力量的关注重于对个人经历的考察。

类型化的生命叙事

上文简要阐述的三个要素(阶级意识要素、区域隔离和教育分化要素、战争和消费带来的阶层趋同化要素)逐渐整合为一种特定的生命叙事类型。该类型的写作手法与现代小说的创作体例有着异曲同工之妙,它尤其擅于打造处于某一社会场域内的人物形象,换句话说就是对社会生活中的个体进行全新的解读。① 这类文学写作方式与以往那些法兰西

---

① 达尼罗·马尔图切利:《个体的基本原理》。

学究们的随笔(16—17世纪)形成了鲜明的对比,后者虽然常会针对人性的弱点展开细致的论述,但在涉及社会阶层的问题上却从未提出过掷地有声的见解。说到底,把人物放入一定的社会场域内,并以此来凸显他们的个性特征,这是许多文学作品的写作要义。因而,现代小说之所以极少描写同质化的文化现象和社会场景,以及刻板化的角色类型和性格特征,恰恰是因为作者们运用了这种叙事性的人物塑造法。几十年后,相似的写作笔法又出现在社会学的著述中,它们在被广泛使用的同时,也得到了系统性地建构。

回想一下,那些从19世纪小说中诞生的经典角色往往深深地植根于其所在的社会阶层;他们的性格特征与其社会身份息息相关,甚至这些身份就左右着他们的行为方式。[1] 这种传统的人物描写手法逐渐成为通用的行文法则,在当时的文学界,可称得上能够展示现代社会个体性的一种重要的叙事模板。于是,个体变成了社会阶层的产物;他们行动的意义也只能由其社会身份来赋予。如此一来,要么个体的命运与其所属阶层的命运牢牢绑在了一起;要么他们被描写为(部分)掌控时运的计研心算之徒,但同时,社会结构性因素

---

[1] 格奥尔格·卢卡奇(Georg Lukacs):《小说理论(1920年版)》(*La théorie du roman*),巴黎:伽利玛出版社,2001年;伊恩·瓦特(Ian Watt):《小说的兴起》(*The Rise of the Novel*),伯克利:加利福尼亚大学出版社,1957年;托马斯·帕维尔(Thomas Pavel):《小说的思维》(*La pensée du roman*),巴黎:伽利玛出版社,2003年。

仍然发挥着形塑或改变个体行为的功用。在巴尔扎克和左拉的作品中，社会阶层的影响就远强于个人品行的作用。换言之，小说里的每个个体都在社会等级秩序中各有其位，而他们所处的位置也使他们成为该阶层唯一又典型的形象。

此外，古典名著与现代派小说还有一个不同之处：在文学宝库的经典篇章中，作者笔下的人物常常被冠以特定的"性格特征"，比如吝啬、善妒、痴情、高尚、虚伪，而每个人物所具有的某一"性格特征"又最终令他们成为该特征的"代言人"。然而，当这种创作方式不再受到推崇时，文人们又开始借助将个体置入社会场域的方式来对其进行解析。莎士比亚塑造的人物形象便带有某些社会阶层的"身份特征"（他们通常属于贵族阶层），但在诠释人物性格的过程中，这些"身份特征"却极少发挥作用。就连奥赛罗这个角色也不例外，作为一名地位卑微却又离经叛道的摩尔人，最终酿成其悲剧的不是他的社会身份，而是他的感情用事和他的醋海翻波。但现代小说对人物的描写往往习惯于结合历史背景和社会分层来呈现其个人经历。所以这类作品在重拾个体性，也就是说在塑造某个单一人物形象的同时，也常在整个时空环境中述说他们所遇到的种种愁苦与烦恼。

这类文学作品的创作方式是否应予以推广，我们暂且不论，但现实情况是，尽管人们的生活深受社会场域的影响，我们却永远不能一味地强调场域的作用而忽略人们自身的能动性。同时，个体的内心深处有着诸如梦想、快乐、悲伤这样的情绪,显然,我们也无法用群体性的共同意识来对其进行概括。这些都是作家们在不断思索的问题。然而,当涉及草根阶层(其中也包括其他一些社会群体中的个体,如贵族阶级、资产阶级或小资产阶级)时,以社会结构为视角的主流观点仍旧会立于社会场域与个人经历之间错综复杂的关系之上。于是,个人生活便被深深地卷入了集体生活的"洪流",无论是当时的文学作品,还是社会学的生命叙事,都显露出这样一种写作思路,最好的例子就是布尔迪厄的《区分》与佩雷克[①]的《物》,前者全然可被视为后者的社会学翻本。

直到20世纪60年代,草根阶层的个体性才得以彰显,并逐渐出现在各类作品中。作为底层社会的标识,他们的个体性既带有共生社群的特征,又包含某种政治倾向和文化品位;当然,它们也来源于不同的社会阶层、居住区域,拥有不同的教育背景和民族身份,而除了用"人以群分"来对其进行归类之外,每个个体的个性特质依然没有得到充分的发掘。可见,当时在有关现象描述和生命叙事的问题上,与个体经验相比,群体身份与群体的发展历程依然更受重视。

2. 发掘草根阶层的个体性

我们只有了解了以上的历史背景,才能明白近五十年来

[①] 乔治·佩雷克(Georges Perec,1936—1982),法国著名小说家。他在1965年发表的小说《物》(Les choses)曾荣获勒诺多文学奖。——译者

个体化进程在社会的各个阶层中间是如何深入推进的。虽然个体仍会受到群体行动的影响,但他们已开始更加重视个人经历和个人感受。作为行动者,尽管每个个体的社会身份依然发挥着重要的作用,但与此同时,他们的个人生活和个人意愿变得越发引人瞩目。这一转变离不开政治、社会、文化领域的革新,而我们若想弄懂其中的原因就必须分析这些结构性因素的效用。对于个体来说,以往他们是社会系统的"产物",但如今伴随着整个社会的个体化进程,他们也开始主动地缔造属于自己的人生故事,正是这一变化为社会学开辟了新的研究思路。

与日俱增的异质性

a. 阶层意识问题

首先我们应注意到,不仅是阶层意识在不断淡化,就连形成阶层意识的政治团体也在运作的过程中越发衰弱。有很多实例可以说明这一点,其中,劳工阶层和众多草根群体的内部分化尤为突出。[1] 一方面,单从人数上来看,在法国,工人的比例已从 1962 年的 60% 降至今天的不到 20%(1974 年为 40%[2]);另一方面,工作环境也有所优化:这包括工作区

---

[1] 奥利维·施瓦茨(Olivier Schwartz):《"草根阶层"的内涵》(*La notion des «classes populaires»*),鲁昂:凡尔赛圣昆廷大学出版社(Université Versailles-Saint Quentin),1988 年;"从工人阶级到草根阶层",载于《知识与行动》(*Savoir/Agir*)专刊,2015 年 4 月。

[2] 参见 https://www.insee.fr/fr/statistiques/1283207。

域周边的便利程度显著提升、工作团队趋向小型化、员工的职业身份呈现多元化。而劳务外包的出现,又使得同一企业的管理层在人员构成上愈加复杂。① 我们应该还记得,工人阶级在过去的历史中之所以势不可当正是源于阶层内部的凝聚力,而如今这种结构性的异质化却让他们不再是铁板一块。

实际上,真正使社会阶层内部形成统一经验体系的是职业政治集团(他们的工作就是演讲、代言、辩论、组建政党、成立工会),对于这一点安东尼奥·葛兰西论述得十分清楚。② 可是到了今天,振臂一挥、一呼百应的情况已经越发少见。政治集团主张把广大工人和雇员全部划归草根阶层,那正是因为响应他们人越来越少,只好用这种办法来扩充受众的数量。③ 虽然有的大型工会不时(并非经常)组织一些群众集

---

① 让-皮埃尔·杜朗(Jean-Pierre Durand):《看不见的锁链》(*La chaîne invisible*),巴黎:色伊出版社,2004年;盖伊·斯坦丁(Guy Standing):《朝不保夕的人》(*The Precariat*),伦敦/纽约:布鲁姆斯伯里出版社,2011年。

② 安东尼奥·葛兰西(Antonio Gramsci):《狱中札记(19—29篇)》(*Cahiers de prison [Cahiers 19—29]*),巴黎:伽利玛出版社,1991年。同时也可以参见威廉斯·雷蒙德(Williams Raymond):"霸权主义"(Hegemony),载于《马克思主义与文学》(*Marxism and Literature*),牛津:牛津大学出版社,1977年,第108—114页。"意识形态"是指官方构建的一套思想价值体系,它以强制性的方式灌输给被统治者。而与"意识形态"这一概念有所不同的是,"霸权主义"更强调统治过程中的冲突性,尤其涉及那些有能力与之相抗衡的中下层力量,这类群体往往会发起的多种形式的反霸权抗争(其中包括以传统主义、道德伦理、本土主义为出发点的抗争)。

③ 保罗·布夫提格(Paul Bouffartigue)编:《社会阶层的回归》(Le retour des classes sociales),巴黎:拉迪斯普特出版社,2004年。

会,但这些集会并不能用"团结一致""众志成城"来形容。甚至有研究发现,与草根相比,社会中上层内部的统合意识更强(在权力阶层内部尤为如此);此外,种种调查也显示,虽然底层民众有意愿参与某些政治活动,但在这类人群当中,和衷共济的阶级意识已经相当淡薄了。① 那些为工人大声疾呼、争取权利的政党眼见自己的票仓正在不断缩水;尤其对于左翼党派来说,尽管他们努力地动员以往对他们忠心耿耿的选民(也就是他们所谓的"人民"),但最后的结果顶多就是偶尔能赢得几次选举。② 同时,民族主义和民粹主义政党又喜欢把"人民"和"民族"这两个概念混为一谈,简单粗暴地给广大民众冠上"同胞"的称号,并通过唤起"同源共流的文化传统",来聚合成千上万的异质化个体和无权无势的普遍散民。③

然而,草根阶层在法国是否已退出政治舞台,这还很难

---

① 路易·肖维尔:"社会阶层的回归?",《OFCE 杂志》;索菲·贝鲁(Sophie Béroud)等:《寻找草根阶层》(*En quête des classes populaires*),巴黎:拉迪斯普特出版社,2016 年。

② 埃内斯托·拉克劳(Ernesto Laclau):《以民粹主义为由》(*La raison populiste*),巴黎:色伊出版社,2008 年;洛朗·布韦(Laurent Bouvet):《人民的意志》(*Le Sens du Peuple*),巴黎:伽利玛-争鸣出版社(Gallimard-Le Débat),2012 年;尚塔尔·墨菲(Chantal Mouffe)、伊尼戈·艾雷宏(Iñigo Errejón):《制造"人民"》(*Construire un Peuple*),巴黎:赛尔夫出版社,2017 年。

③ 皮埃尔-安德烈·塔吉耶夫(Pierre-André Taguieff):《民族主义的复仇》(*La revanche du nationalisme*),巴黎:法国大学出版社,2015 年;多米尼克·雷涅(Dominique Reynié):《新民粹主义》(*Les nouveaux populismes*),巴黎:普吕雷尔出版社,2013 年。

说，其中一部分原因在于革命理想主义的情怀在他们中间还很强势，另一部分原因则在于左右两派政党存在着明显的分歧。不过显而易见的是，工人阶级，乃至广大人民群众，都开始把自己作为政治参与者的权利出让给另一个"和事佬"：这便是"中产阶级"——一个"抽象的群体"（2015年的调查显示，74%的法国人认为自己属于"中产以下阶层"）。① 不仅大多数群众会给自己贴上"中产"的标签，而且更值得注意的是，如今各项政策均将该阶层视为优先关注的对象：在涉及税收政策、文化政策或民族、国家及社会发展政策时便是这样。可见，虽然那句有名的反全球化口号呼吁99%的民众起来反抗1%的精英，但实际上这只是在用极端的形式来表现政治立场的无差别化。草根阶层不再是一群团结一心的至诚之众了。

到最后，现实呈现出来的结果常常充满着矛盾：一方面，草根阶层的个体性被当作底层社会的一部分，可以任意彰显、自由界定；但另一方面，这种个体性在"自我展现"的同时，又被草根阶层自身当成了中产阶级的特征。②

---

① 生活条件研究观察中心（Credoc）：《无名百姓的法国》（*La France des invisibles*），调查报告，2016年，第19页。
② 在新兴国家，劳工阶层化身为"新"中产阶级的现象更为明显，这里可以参见卡塔亚·阿劳霍（Kathya Araujo）、达尼罗·马尔图切利："草根阶层的个体身份：对智利城区的解析"（Las individualidades populares. Análisis de sectoresurbanos en Chile），载于《拉丁美洲研究回顾》（*Latin American Research Review*），夏季刊，总50期，第2期（2015），第86—106页。

b. 区域分隔与教育、文化壁垒

其次,不同群体在居住区域上的分隔和在教育、文化领域上的壁垒不仅远未消失,而且还呈现出更深层的转变。表面上看,这些转变显而易见。比如,每个人都知道自己所居住的区域属于贫民区还是富人区;作为由客观因素而产生的一种主观认知,这其实是从高低有别的房价中推导出来的。但是,如果将关注点放在更细微的维度,那么我们马上就会发现以上的观察并不一定准确:比方说,住在贫民聚居区和市郊居民点的老百姓并不属于同一类群体;市郊或我们所说的市郊贫民区内部存在着相当大的差异;住在农村与城市交接区的人群会形成一种与城市郊区居民迥然相异的社交习惯……若我们把关注的范围进一步缩小就能察觉到,哪怕是在不同的单元、同一单元的不同楼层乃至同一楼层的不同住户之间,细小的分别与微妙的区隔也同样彰明较著。① 这些在草根阶层内部存在的差异其实并不新奇,只不过这些差异曾经备受资本剥削的共同经历所掩盖,就像我们之前说的,政治集团常会号召制造行业和大型工厂的工人联合起来,如

---

① 弗朗索瓦·杜贝、迪迪埃·拉佩罗尼(Didier Lapeyronnie):《流放之地》(*Les quartiers d'exils*),巴黎:色伊出版社,1992年;米歇尔·韦维尔卡(Michel Wieviorka)等:《种族主义的法国》(*La France raciste*),巴黎:色伊出版社,1992年;阿涅斯·维尔切丝-杜邦(Agnès Villechaisse-Dupont,):《苦涩的市郊》(*Amère banlieue*),巴黎:格拉赛出版社,2000年;迪迪埃·拉佩罗尼:《城市贫民窟》(*Ghetto urbain*),巴黎:罗贝尔·拉封出版社,2008年;玛丽·卡蒂埃(Marie Cartier)等:《"盆景"法国》(*La France des petits moyens*),巴黎:发现出版社,2008年。

此一来便抵消了个体之间的分歧。但是目前,这种情况发生了变化,甚至一度十分活跃的种族主义和排外势力都开始失去它们的言论阵地,其中的原因便在于多种多样的社会观念、政治立场和文化价值会在个体维度挤占它们的"地盘"。① 可见,阶层内部的分化趋势如今已胜过万众一心的凝聚力量。

至于学校教育的问题,前人的研究已从多个角度做过阐述。一方面,该制度能让20世纪60—70年代的第一批受教育群体实现向上的社会流动,但同时,它又会在新一代的毕业生中间制造和维持社会阶层之间的不平等。而另一方面,学校教育本身的目的在于用"主流"文化来"同化"草根阶层,但街头文化或大众化消费的兴盛却使得正统的教育理念面临挑战。② 有人指责,学校教育制度已背离了"机会面前人人平等"的初衷;而另一些人则恰恰相反,他们所诟病的是,这种制度中断了传统阶层文化的延续,并培养出越来越多的"反叛者"。除了郊区,在市区内实际上也存在类似的现象:如果我们着重关注个体的发展历程,那么便能发现,不仅大量群体在持续不断的分化,而且不同场域之间又有着巨大的差异。③ 所以,在许多贫民区,受教育程度截然相异的人也会

---

① 米歇尔·韦维尔卡(Michel Wieviorka):《种族主义的空间》(*L'espace du racisme*),巴黎:色伊出版社,1991年。

② 大卫·勒普特雷(David Lepoutre):《市郊贫民区文化》(*Cœur de banlieue*),巴黎:奥迪勒·雅可比出版社,1997年。

③ 伯纳德·拉伊尔(Bernard Lahire):《家庭图景》;雅尼克·马戴克(Annick Madec):《不良区的家庭纪事》(*Chronique familiale en quartier impopulaire*),巴黎:发现出版社,2002年。

毗邻而居,这与以往贫富有别的区隔模式大为不同。

接着,让我们再对那些脱离原生阶层的群体做一下分析。① 虽然这些群体历来受到社会的关注(困难学生能够获得助学金的资助就是个例子),但在过去,他们最终实现的阶层流动只会被当成一个数据信息来处理或是一个罕见事例来宣扬。可如今,情况却大为不同。在人文领域,特别是在社会学的著述中,草根阶层的身份蜕变已成为作者们知人论世的主题,这绝对算得上前无古人的转变。而在法国,对于那些成功实现向上流动的人来说,否认自己的原生身份是更为普遍的现象,一方面是因为与其他社会相比,法国社会似乎更难容纳不同阶层间的流动,另一方面,说到底,还是由于人们习惯于只用负面词汇来描述草根群体,比如社会底层青年往往会被直接或间接地称为"差等生"。从这个意义上讲,脱离原生阶层所对应的就是接纳"正统"的言论。而这些出现在大众媒体上的言论也常常以带有贬义的语汇来界定草根阶层:例如"大男子主义""仇视同性恋""种族主义""地域歧视""陈旧的民族主义情结"……我们应该注意到:尽管与法国相比,英国社会对草根阶层的刻板印象更加消极,在那

---

① 樊尚·德·戈勒雅克:《阶层神经症》;让-皮埃尔·泰拉伊(Jean-Pierre Terrail):《工人阶级的命运》;斯蒂芬·鲍德、米歇尔·皮亚鲁(Michel Pialoux):《工人身份的回归》(*Retour sur la condition ouvrière*),巴黎:法亚尔出版社,1999年;斯蒂芬·鲍德:《80%的合格率又有什么用?》;布尔迪厄编:《世界的苦难》。

里人们常用"傻叉青年"(chav)[①]这样的词来称呼底层社会的年轻人,可是在法国,人们更爱贬损"凤凰男、凤凰女",若要列举这方面的法语词句,那也是数不胜数的。

一个人从底层蜕变为精英,这种身份上的改变恰恰让我们开始用人与人之间的差异来全面地审视草根阶层。其实,与原生阶层的决裂就是在经历一段个体化的人生转折。所有人都想要变得独一无二、标新立异,恰恰是这种想法改变了他们的"生命旅程"。社会地位的提升、阶层神经症、跨阶层的婚姻、学业有成而带来的身份改变,以及经济上的飞黄腾达和观念上的草根本性……人们常爱用这些颇具"社会学"意味的术语来标榜自身的独特性。甚至对于出身卑微的知识分子来说,摆脱原生阶层也已变成了一种远离尘俗的方式,就像安妮·埃尔诺在她最初的几部作品中所展现的那样。[②] 一方面,这些知识分子依然带有草根的特质,但另一方面他们又与底层民众渐行渐远。而且,无论他们如何表达自己对过去的眷恋,终究还是无法重新融入草根社会。

[①] 欧文·琼斯(Owen Jones):《傻叉青年:工人阶级的妖魔化》(*Chavs*:*The Demonization of Working Class*),伦敦:维尔索出版社,2012 年;弗朗索瓦·德·桑格利:"男性统治的新外衣"(Les habits neufs de la domination masculine),《思想杂志》(*Esprit*),第 196 期(1993),第 54—64 页。

[②] 安妮·埃尔诺:《书写生活》(*Ecrire la vie*),巴黎:伽利玛-夸尔托出版社,2011 年。也可以参见迪迪埃·埃里本(Didier Eribon):《回到兰斯》(*Retour à Reims*),巴黎:法亚尔出版社,2009 年;爱德华·路易(Edouard Louis):《与埃迪·贝列格尔决裂》(*En finir avec Eddy Bellegueule*),巴黎:色伊出版社,2014 年。

c. 社会群体的内部分化

最后,在社会群体的内部,以往那种团结一致的凝聚力如今却开始弱化,成员之间的关系也愈发趋向于"各扫门前雪"的状态。于是,"二战"结束时形成的那种集体与民族的向心力逐步瓦解,取而代之的是不同社会阶层的离散,乃至人民内部的分裂。① 倘若再加上国籍之别,那么国民身份所附带的社会权利又会让草根阶层内部的"国民"和"非国民"分解成形形色色的个体或小群体。这是因为,在外来移民当中,获得居住国国籍的人往往比其他身份的移民在生活上更有保障。

而在消费领域,类似的变化亦历历可见。就像之前提到的,要想窥见这些变化就必须对生活中的细节加以关注:例如,我们通常一眼就能发现"平民"酒吧与"布波"②酒吧的差别,但这种过于简化的区隔方法往往会掩盖休闲文化活动的融合与杂糅。事实上,一个人的社会地位是透过两套分层体系展现出来的:第一套聚焦于宏观层面,它能够标识出社会"阶层"之间显而易见的差异;第二套则关乎消费行为的分化,尤其是在市场营销与大数据的影响下,该行为将人们划分为无数个社会"亚群体"(而最终,购买同一类产品的人群

---

① 尼古拉·杜沃(Nicolas Duvoux):《社会团结的新时代》(*Le nouvel âge de la solidarité*),巴黎:色伊-思想共和国出版社,2012年。

② "布波"综合了布尔乔亚和波西米亚这两种生活格调,一方面追求物质上的享受,另一方面也将浪漫与自由奉为圭臬。——译者

会自动形成有别于他人的小群体）。① 此外，在物质消费方面，还存在一种不可置否的发展趋向，那就是"去标准化"（即消费的个性化、定制化、人性化，以及消费体验的个体化和产品使用方式的多元化）。②

通过独立摸索，法国社会学界终于发现了英国社会学家早已关注到的一个问题（当然除了鲍德里亚之外）：在当今社会，消费类型将逐渐取代职业类型，成为社会身份的重要标识。③ 这样一来，推进群体内部分化的助力便不再是社会等级的高下，而是经济收入的差距。然而在法国，囿于官方统计工具的限定，社会职业类型依然是个体进行自我定位的主要标尺，尽管如此，人们也开始以不同的消费活动来界定各种各样的小圈子。于是，消费"分层"，加之愈发混杂的消费品位，使文化实践的多样性得到了极大的提升，④同时也加速了草根阶层内部的分化过程。⑤

---

① 芭芭拉·卡森（Barbara Cassin）编：《表格的背后：从评估体系中走出来》（*Derrière les grilles : sortons du tout-évaluation*），巴黎：一千零一夜出版社，2014年。

② 瓦莱利·萨克李斯特（Valérie Sacriste）编：《我们的生活，我们的物品》（*Nos vies, nos objets*），阿斯克新城，北方大学出版社，2018年。

③ 让·鲍德里亚（Jean Baudrillard）：《消费社会》（*La société de consommation*），巴黎：德诺埃勒出版社，1970年；大卫·哈维（David Harvey）：《后现代性的条件》（*The Condition of Postmodernity*），剑桥：巴希尔·布莱克威尔出版社，1989年；弗雷德里克·詹姆逊（Fredric Jameson）：《后现代主义或晚期资本主义的文化逻辑》（*Postmodernism, or the Cultural Logic of Late Capitalism*），伦敦：维尔索出版社，1991年。

④ 艾尔维·格列瓦雷克（Hervé Glevarec）：《多元化时代的文化》（*La culture à l'ère de la diversité*），拉图代格：黎明出版社，2013年。

⑤ 伯纳德·拉伊尔：《个体文化》。

虽然以上提到的三重变化各属不同领域，但它们的指向十分一致，都意在强化人与人之间的异质性，以及草根阶层内部的个体化进程。然而，有些研究底层社会的法国学者很晚才开始注意到这一发展趋势，而且他们依然认为个体只会是"金字塔上层"的产物，如此陈腐和傲慢的老旧思想着实令人惊诧。按照他们的逻辑，个体主义的生活方式也只能是中上阶层的特权。但与之截然相反，乌尔里希·贝克早在1986年出版的《风险社会》一书中便对个体化进程所产生的影响和各个社会阶层的不同体验有过一番考察。①

独一化的生命叙事

在生命叙事和多元体验方面，这种"由合转分"的发展趋势存在着广泛的影响力。从小说到电影，再到电视连续剧，当代文艺作品虽然并未完全舍弃对"社会人"的构建，但它们纷纷开始以极其具象化的笔触来描写个人生活。自此，每个个体形象的刻画便不再受限于特定时空环境下发生的事件了。19世纪，文学著作和社会学著述所使用的叙事手法还趋于相近，但到了20世纪，当代小说与一部分社会科学作品便逐渐开始在写作笔法上渐行渐远，其原因在于后者仍坚持过去的思路，热衷于塑造"社会人"。② 而在文学领域，作家们早已着手挖掘和拓展人物的主观世界，并技巧性地淡化社会、

---

① 乌尔里希·贝克:《风险社会》。
② 安娜·巴莱勒、达尼罗·马尔图切利:《小说就是实验场》。

文化、经济机制的决定性作用。

　　以前,那些上演悲欢离合的庸众在很长一段时间是默默无闻的,而如今他们终于被放置在了"聚光灯"下:从此,人人都有了独一无二的经历,都有了属于自己的故事。这种变化也给当代文学作品,乃至当今的生命叙事引入了一个悖论。一方面,此类叙事总喜欢提及主人公的社会身份;而另一方面,它还力求为其塑造一种更为个体化的个人形象。① 就像自叙传小说那样,作家书写的私人生活充满着种种艰难困苦,但也正是这些艰难困苦才让他们变得更加成熟、更加勇敢。鉴于这种叙事上的差异性和多元性,普通大众的生活(而不再是政治人物的事迹)自然而然地成为了文学作品和自叙传小说的首选素材。这些作品从形形色色的陈述中,②挖掘具有同质性的情景和经历,并通过作家的吸收和转化,将之再次投射到个体的亲身体验当中。有位39岁的女清洁工便从《甜心俏佳人》(*Ally McBeal*)的女主角身上找到了自己的影子,其坎坷的情路历程令她感到:"或许是因为同样的经历才让我对她惺惺相惜,她和我一样都是那种矢志不渝、

---

① 弗朗索瓦·德·桑格利:《双重自我:社会身份与个人身份》。
② 达尼罗·马尔图切利:《从历练中成形》;埃曼纽尔·兰戈利斯(Emmanuel Langlois):《与艾滋病抗争》(*L'épreuve du Sida*),雷恩:雷恩大学出版社,2006年;弗朗索瓦·德·桑格利:《离婚妇女》;安娜·巴莱勒:《逃学》(*L'éducation buissonnière*),巴黎:阿尔芒·科兰出版社,2011年;迪迪埃·拉佩罗尼:《城市贫民窟》;马切洛·奥特罗(Marcelo Otero):《投影》(*L'ombre portée*),蒙特利尔:伯雷阿尔出版社,2012年。

一往情深的人……剧中的人物说出了我的心里话,而这些心里话又是我难以用语言来表达的。"①可见,个体的自反性也存在于现实世界与虚拟世界的交互建构之中。

对文学创作而言,毕竟为数众多的作品遵循着传统的叙事规范,而打破这些规范无疑是极具风险的,尽管如此,我们仍可以看到,许多新近创作的小说会把人物形象塑造得极其复杂,他们既喜怒无常又神秘莫测,既举止不凡又作恶多端。在过去,作家要么给笔下的人物赋予某一典型形象(比如守财奴、善妒者、伪君子等),要么把他们写得非黑即白、非善即恶,而与之明显不同的是,当代文学作品中的人物通常具有复杂多变的心理特质,有时他们的行为甚至令人百思不得其解。这些人物的个性特征呈现出更多的冲突、矛盾、暧昧与困顿,而它们也正是此类小说旨在构建的基本要素。可以说,作者的用意就在于,通过刻画每个人物的与众不同来展现他们难以揣测的内心世界。②

再从文化产业领域来看,上述转变也影响着个体的生命叙事及其行为表现。这就是为什么当我们提到文艺创作中的个体主义取向时,往往需要拜读那些多线叙事结构的作品

---

① 菲利普·柯尔库夫:"西方当代个体主义的普适理论试构"(Vers une théorie générale de l'individualisme contemporain occidental),载于菲利普·柯尔库夫、克里斯蒂安·勒巴尔、弗朗索瓦·德·桑格利编:《今日个体》,第329—337页。

② 达尼罗·马尔图切利:《现代社会的形态》(La condition sociale moderne),巴黎:伽利玛出版社,2017年。

（当然也不能对此过于推崇）。此类小说或影视剧作往往借由数个相互关联的子情节将不同人物串联起来。若以战争题材的作品为例，这样的叙事手法使得丰功伟绩不再是英雄豪杰的专属，而是诸多小人物各自发挥一己之力共同取得的胜利。这些小人物有的崇高，有的卑微，有的英勇，有的怯懦，他们都身陷绝境，又都默默无闻，所以最终我们也无法厘清战事中究竟有谁的功劳、谁的苦劳。[①] 可以说，多线叙事结构的作品是一种将不同场景进行拼贴组合的尝试，它在多个人物身上进行焦点的切换，以便使每个角色都能在某个时间段当一回故事的主人公。就单一故事线而言，小人物的事迹不能算作具有普遍性的人生经历，但就每一条故事线来看，一定分量的情节却是展现个体性的依托。这里的个体性较少带有鹤立鸡群的意味，更多的是自成一格的旨趣。同样，如今的电视连续剧也越来越喜欢添加多个主角并相应地删减配角，这与以往"绿叶衬鲜花"的戏份编排大相径庭。[②]

由此，用繁琐细碎的方式讲述每一个小人物的故事便逐渐演变为一种独具特色的叙事手法。该手法常常将这些小

[①] 举例来说，可以参见弗里德里克·卢梭（Frédéric Rousseau）：《禁忌之战：第一次世界大战欧洲士兵史》（*La Guerre censurée. Une histoire des combats européens de 14—18*），巴黎：色伊出版社，1999 年；雷米·卡扎勒（Rémy Cazals）、弗里德里克·卢梭：《战争一代的呐喊》（*Le Cri d'une génération*），图卢兹：普里瓦出版社，2001 年。

[②] 艾尔维·格列瓦雷克（Hervé Glevarec）：《电视剧迷》（*La Sériephilie*），巴黎：艾力普斯出版社，2012 年。

人物当成"主角",通过描写他们的个人经历来呈现一个时代、一种社会阶层、一类职业群体和一户人家所饱尝的酸甜苦辣。但与此同时,他们又像当代小说中刻画的人物那样,渴望成为一个个卓尔不群、独树一帜的个体,并凭借自己的力量尽情地彰显特立独行的形象、品性或社会角色。这就是为什么文化产业无法轻慢和忽视草根群体的原因。① 当今流行的叙事方式强调塑造个体的独特性,表达人们自然形成的复杂情绪和生存境遇,这使得以往那些对典型个体和抽象群体的歌颂都逐渐淡出了历史舞台。

几十年前,底层社会的生活记录或草根群体自己撰写的传记,都与今天的叙事方式有着极大的不同。20世纪50年代末,底层出身的英国社会学家理查德·霍加特曾试图借由讲述他的个人经历来透视社会关系的变迁,虽然无法用量化的手法展现这种人生历程,但他仍力求站在客观的立场上描述底层出身给人带来的影响。② 而近些年来,正如我们前面所提到的,那些摆脱草根身份的叙事者更多地喜欢将分析的重点转移到各种影响因素的异质性和特殊性上来。这一变化在许多社会学研究中都有所体现。于是,草根阶层的个体性便逐渐从围绕一系列偶然事件而展开的生命叙事中显露出来(其中包括各种"意外",如一分之差而名落孙山,以及诸

---

① 皮埃尔·罗桑瓦龙(Pierre Rosanvallon):《无名者的议会》(*Le Parlement des Invisibles*),巴黎:色伊出版社,2014年。
② 理查德·霍加特:《穷人文化》。

多"无心插柳柳成荫"的"人际往来",虽说在人们看来,有的社会关系暗含着风险,但它们对人生方向的改变会有重大影响)[①];这些人喜欢对外展现自己的性格特征(如"我很坚强");他们也愿意提及个人爱好(如"我热爱音乐");但更常见的话题则是,他们被动或主动地否定过去的自己,甚至与之决裂(这种与过去的决裂往往涉及宗教信仰、家族伦理和职业生涯)。就这一点来讲,"交叉性"(intersectionnalité)的概念基本上只是一种差别化处理分析对象的研究方式和一种强调行动者受多元结构性因素影响的研究思路。[②] 该思路未能注意到个体化进程这一社会性的趋势将从根本上改变以往的研究导向,而这种疏漏恰恰是我们今天亟需补足的。简言之,在对社会进行解读和对单一生命历程加以描述时,千差万别的经历和独一无二的体验已逐渐成为叙事的内核,而具有集体身份特征的描述则降为旁文剩义。

抛开文学,现实生活中的草根阶层与其他社会群体相仿,也在经历一个个体化的过程。然而,当前一部分法国社会学者对这种个体化进程(该进程并不一定符合个体主义理

[①] 弗兰西斯·戈达尔(Francis Godard)、保罗·布法蒂格:《工人阶级的代际演变》(*D'une génération ouvrière à l'autre*),巴黎:西罗斯出版社/选择出版社,1988年。

[②] 金伯利·W. 克伦肖(Kimberlé W. Crenshaw):"标注边界:交叉性、身份政治与针对非白种妇女的暴力"(Mapping the margins. Intersectionality, identity politics, and violence against women of color),载于《斯坦福法学回顾》(*Stanford Law Review*),总43期,第6期(1991),第1241—1299页。

念)抱有深深的误解,他们往往将"右翼"的主张或"新自由主义"的立场当成个体主义的表现形式与之捆绑在一起,同时以此为借口对个体化加以抵制。但正如我们在第一章和第二章所讲的,个体主义思潮是现代社会中持续时间最长的一场观念的震荡。在这里,先让我们做一个类比:马克思曾坦言,阶级与阶级斗争并不是革命思想的"产物",而是保守派历史学者的"发现",他们的贡献就在于把对社会现实与政治形态的分析做了整合。同样,如今的个体主义思潮与个体化进程也并不是理论性思辨的结果,而是自然形成的变迁趋势,这促使人们用社会学的思路和政治学的表述来解析现实生活中的经历。这便是 21 世纪初女性主义得以崛起的原因。

在过去,所有个体,尤其是来自草根阶层的个体,往往要在整个规程中和社会身份的框架下讲述其人生经历;而今天,他们越发倾向于用独有的生命体验来凸显其个人特质。①在以前,生命叙事与社会发展历程相互交织,底层人群之间的个体性差异难以得到呈现;而现在,鉴于多种多样的叙事手法和千差万别的场域变迁,以群体为视角的宏观概述反而再也无法涵盖草根阶层中存在的多元个体性。

---

① 一些退出政治党派的人物往往会深入地解析自己的内心挣扎,我们可以从中一探究竟。这里请参见贝尔纳·普达尔(Bernard Pudal):"杰拉尔·贝鲁安的解脱:从参政议政到自我剖析"(Le désengagement de Gérard Belloin: de l'engagement à l'auto-analyse),载于奥利维·费耶尔(Olivier Fillieule)编:《奋力挣脱》(Le désengagement militant),巴黎:贝兰出版社,2005 年。

本章所包含的两部分内容借助不同的形式重点阐述了两大问题,即当代社会个体化进程的结构性因素及其掀起的政治与伦理大讨论。虽然个体化绝非自由的代名词,但它将成为通往自由的必经之路。当然,仍有一些人秉持法兰西民族固有的批判精神和高高在上的迂腐口吻,主张遏止这一大规模的社会性变迁,①对此我们必须深知,伴随个体化而来的恰恰是当今社会不得不面对的矛盾与冲突:正是以个体化为信仰,人们才会质疑组织制度中的那些集约化措施;正是以个体化为信仰,人们才会始终不懈地追求个人的解放;也正是以个体化及其应许的光明前景为信仰,人们才会积极地改变以资本主义和保守主义为根基的旧秩序,从而向关注个体、尊重个体的新社会迈进。

---

① 吕克·博尔坦斯基、夏娃·夏佩罗:《新资本主义精神》。

结　语

正如我们在第一章所讲的,个体社会学有着悠久的理论渊源,并在过去的几十年间经历了前所未有的发展。通过分析现代性给个体体验带来的变化,本书介绍了个体社会学的几种理论分析模型和研究方法,从而回顾了该领域的发展过程和创新之处。为了对此进行归纳总结,我们将再提出两个问题。第一个问题来源于社会学诞生之初便出现的一个疑问:在社会学的视域下对个体进行分析是否妥当?第二个问题在于个体社会学理论架构是否合理?这些理论架构往往与西方现代社会的产生和个体化现象的涌现息息相关。那么,在这种特定历史时期和特定地域文化中成长起来的个体是否是世界上唯一名副其实的个体?

第一节　如何从社会学的角度把握个体的二元性?

长期以来,古典社会学一直主张,无须对个体的独特性进行更细致的研究。埃米尔·涂尔干在阐释这一观点的同

时,又为个体赋予了双重身份:

> 可以说,在我们每个人的心中都隐藏着两个"自我",它们无法"各自为政",只能通过抽象化的过程来实现彼此的整合。其中,第一个"自我"源于与我们自身和个人生活经历密切相关的所有精神状态:借此可把它称作"独立自我"(être individuel)。第二个"自我"则是我们表现出来的一系列思想、情感和行为习惯,它们展现的不是我们个人的性格,而是集体关系或我们所从属的各种社会联结。①

一些学者至今都秉承着这样一种观点:社会学所研究的不是那个隐藏在我们内心深处的'独立自我'。在使用社会测量法(参见第四章)时,鲍德就表现出了这种态度:当尤尼斯·阿姆拉尼表示他不想提到与兄弟姐妹的关系时,斯蒂芬·鲍德便对他说:

> 我们无法对所有事情都敞开心扉、侃侃而谈……关于家庭,最重要的不是我们谈什么,恰恰相反,是我们不谈什么……我觉得你就是这种情

---

① 埃米尔·涂尔干:《教育学与社会学》(Éducation et sociologie),巴黎:法国大学出版社,1962年(1922年第一版)。

况……(所以)我们不必在这方面勉强你。若是想要回答这类问题,那就应该求助于精神分析学,而我并不是这方面的专家。①

就这样,对个体层面的探究便成为了其他学科的专长。

1. 再议自主性的社会压力

阿兰·艾伦伯格也是以上观点的维护者和支持者。他借用爱德华·埃文斯-普理查德(Edward Evans-Pritchard)的论点,提出社会学所关注的"'事件(指学者所描写的场景)制造者'不应被视为个体,而应被看作扮演特定社会角色的人"。② 按照这种说法,社会学能够涉猎的领域也就只有学科话语体系的构建和对组织制度的研究这两个方面。另外,艾伦伯格还分析了为何神经科学能够成为各门学科(包括人文与社会科学)的标杆。他认为,神经科学并不讨论社会事实和价值观念,它意在创建的是一种可用来解释人际关系(即"由各个主体构建而成的直接互动关系,在这些互动关系中存在着不同观点的交流")的通用模型,这与所谓的个体主义理念不谋而合。同时,神经科学也极其关注"精神关护方式的变化"(第95页):在精神病学领域,住院疗养是从前常用的

---

① 尤尼斯·阿姆拉尼、斯蒂芬·鲍德:《苦难国度!》,第197页。
② 阿兰·艾伦伯格:《"社会"的大脑:认识论空想与社会学真理》。

关护方式,而在今天,让患者适应外界的生活则成为了精神关护的主要目标。所以在该领域,除了处理常见的症状之外,减轻患者的认知和功能障碍是目前最重要的治疗方向。其原因在于,面对当今这个崇尚"个体主义"的社会,精神病患者必须证明他们具备自理能力,也就是拥有常人的自主性。"而对自主能力和自理能力的阐释又是人们现今最关注的一个问题,其原因在于,社会普遍认为,人人都应具有某种程度的自主性,而自理能力就是在此基础上建立的一整套行为模式。从封闭式的看护到培养患者的自主性,这种治疗理念的转变推动着神经科学的发展。从此,人们更倾向于把患者当作个体来对待,而患者自身也就被视为维护其身心健康的责任主体。"(第101页)

在艾伦伯格看来,社会学研究者首先应关注"组织制度在理念导向上的变化"(第102页)及其所产生的影响,随后再考察个体的自主性。一方面,这些影响与个体本身息息相关,为了符合社会的要求,他们不得不学会自力更生、自食其力[1];另一方面,这种导向还关乎学科体系的调整,从今往后,学者们需要更加重视在人际关系中分析个体的认知能力,而不是其社会性(这也正是神经科学所擅长的领域)。不过,社会学界不应盲目地肯定"社会对个体自主能力的要求",也不

---

[1] 特别推荐阿兰·艾伦伯格:《成就崇拜》;《身心俱疲的自我》。艾伦伯格提议,针对那些认为个体的自主性来自于社会强制力的表述,无论是专业性的还是非专业性的,都要首先从方法论的角度进行考察。

应追随那些全社会公认的价值理念,而是要通过确立更规范的研究方法,将社会事件和个体都看作组织制度的产物。①艾伦伯格认为,有些个体主义社会学研究是"借助学术手段将'自我'神圣化。这些研究常常隐含着'社会人'的价值理念,因而颇具法国社会思想的理论特色(个体主义)"(第389页),但它们忽略了"自我"神圣化的社会根源与制度条件。这就是为什么我们应该尽可能避免对个体"自我化"部分的考察。

2. 对"自我化"部分的第一种处理方式:回溯错综复杂的社会化过程

然而,伯纳德·拉伊尔却对艾伦伯格的观点不以为然,他主张将"自我化"的部分也纳入社会学的研究范畴。在他看来,个体内部充满了各种张力与冲突,它们来自于"个体习得的多元化社会规范"。② 从研究方法的角度,我们能够重现这些规范之间可能出现的摩擦。在一般情况下,不同的社会规范之间往往莫衷一是且相互矛盾,甚至难以促成协调一致

---

① 阿兰·艾伦伯格:"神经科学与社会科学:从自我的神圣化到人文社会学"(Sciences neurales, sciences sociales: de la totémisation du soi à la sociologie de l'homme total),载于米歇尔·维沃尔卡(Michel Wieviorka)编:《社会科学的转变》(Les Sciences sociales en mutation),欧塞尔:人文科学出版社,2007年,第385—397页。

② 在第三章和第四章均对这一理论做过介绍。

的行为模式。① 它们的交叉与叠加导致冲突与对立的发生（这与过于简约化的"惯习"理论和主张行为具有一致性的断言颇有出入）。因此，社会学者有必要研究个体之间的多样性，借此重新认识那些从个体身上体现出来的社会矛盾，以及个体对这些社会矛盾进行的个人解读。

其中，临床社会学（sociologie clinique）也关注个体的"自我化"部分。不过，该领域借用了精神分析学开发的研究工具，同时，它与社会规范理论的研究视角也截然不同。樊尚·德·戈勒雅克就是这一领域的代表，他将身份界定为两个"基本单位"的整合。其中，精神层面的"基本单位"建立在对存在价值的渴望上；社会层面的"基本单位"则是个体存在的根本，它由个体在血缘谱系中的位置（贯时性维度）和在社会中的地位（共时性维度）来确定。实际上，这种社会和心理层面的身份冲突，比个体在某些社会环境中面临的身份冲突更为常见，后者主要是指原生身份（社会出身、父母的社会地位）、既得身份（个体当前的社会地位）和欲得身份（个体梦寐以求的社会地位②）之间可能出现的差距。因此，那些出身底层的个体在经历一个向上流动的过程时就有可能被强烈的冲突感侵袭，这是因为，一方面他们知道这是父母对他的期盼，另一方面，他们也会感到自己与那些欺压父母的上层阶

---

① 伯纳德·拉伊尔：《个体文化》，第 711—712 页。
② 樊尚·德·戈勒雅克：《阶层神经症》。

级变成了一丘之貉。

3. 对"自我化"部分的第二种处理方式：聚焦于意识

针对涂尔干提出的"自我"问题，还有另一种处理方案。那便是乔治·赫伯特·米德在《意识、自我与社会》①一书中所采用的方法。他在个体的内心世界构建了两套系统，其中"'主我'系统是对他人意愿的原始反应机制；'客我'系统则由个体所接受的他人意愿组成。他人意愿塑造了'客我'，而个体则作为'主我'通过'客我'来实施行动"（第149页）。更具体地说，"客我"是一种在他人面前表现出的形象，它与他人对个体的评价息息相关。而"主我"则用来界定个体自身的身份特质。② 与涂尔干提出的"双重自我"理论一样，米德也认为个体拥有两种身份，但有所不同的是，一方面这两种身份都属于社会学研究的对象，另一方面"主我"并非完全游离于社会体系之外。如此一来，"主我"系统便是身份架构中最原初的"单位"，而"客我"系统则更接近于涂尔干定义的"自我"。

---

① 乔治·赫伯特·米德：《意识、自我与社会》，巴黎。
② 这种"客我"和"主我"的区分源于威廉·詹姆斯（William James）以前在《心理学原理》（*Principes de Psychologie*，1980）中提出的一个理论，它包括作为客体的自我（近似于"客我"）和作为主体的自我（近似于"主我"）。

应该说，社会环境能够主导个体的行为方式和社会化内容，但同时，个体也不会完全听命于社会环境的指挥。他们自身具有的判断力可以使其决定采取何种行为方式，以及建立何种社会关系。不过，这种判断力不是持续存在的，让-克洛德·考夫曼详加描述的习惯性行为就是一个例子。在弗朗索瓦·德·桑格利看来，尤其是在"主我"与"客我"出现矛盾的情况下，个体才会开始发挥自己的判断力。[1]

所以，"主我"作为一种自我意识的载体，可能会选择站在"客我"的对立面。然而，"主我"虽然表现出一副居高临下的姿态，但自我意识仍不能脱离社会环境而存在。事实上，这种自我意识也不是一次成型的。它在生活经验的影响下不停地发展变化，同时也根据"客我"（同样是瞬息万变的）进行不断的调整。就像赫伯特·布鲁默指出的，"主我"的形成来自于个体内心"主我"与"客我"之间的"对话"，并且在当今这个强调自反性的社会中，"主我"的发展更应受到关注。[2] 这里所指的"主我"其实具有双重特性，一方面它可以超脱于社会生活，另一方面它又充满了社会生活留下的痕迹。但这

---

[1] 弗朗索瓦·德·桑格利："个体社会学与非耦合原则"（La sociologie de l'individu et le principe de non-coïncidence），载于莫妮克·赫斯霍恩（Monique Hirschhorn）编：《社会系统中的个体》（L'individu social），拉瓦尔：拉瓦尔大学出版社，2007年，第69—82页。

[2] 赫伯特·布鲁默（Herbert Blumer）：《符号互动论》（Symbolic Interactionism），新泽西：普林提斯·霍尔出版社，1969年。布鲁默是米德的学生，又是戈夫曼的老师。

两种特性常常被人忽略或遗漏。在过去,古典社会学一贯排斥对意识的考察,并坚持认为在社会运行的过程中不存在个体意识的参入。然而让我们来重新读一读莫里斯·哈布瓦赫写下的句子:"我们的大脑经常像一间议事大厅,在那里既能进出思想的火花,又存在不同想法之间的冲突与论争。"①

若用以上这段陈述来解释个体身份的构建问题,那么就可以明白,一方面个体内心世界的观点冲突和思想交锋实际上来自于外部环境的影响(这是拉伊尔的看法),另一方面自我内心的纠结和根据他人的意见而做出判断也是每个个体的必然体验(这是桑格利的看法)。虽然进行这种思想斗争的是"主我",但它仍会在做出决策之前考虑社会环境中的价值理念与个人行动所产生的后果。因此,社会学研究绝不能无视结构化的个体。②

以上介绍可以让我们了解,众多的社会学流派如何围绕个体的双重身份展开讨论,以及在当今这个崇尚自我的时空环境中,社会学的发展又面临着怎样的挑战。我们在第一章所提到的齐美尔就认为,独立个体的诞生既需要外部条件(如异质化的社交圈),又需要个体自身的努力;在戈夫曼看来,个体性存在于"类别型识别"和"个体型识别"之间的动态关系中;而埃利亚斯则试图挖掘"本我"在人类文明演进的强

---

① 引用于伯纳德·拉伊尔:《个体文化》,第713页。
② 安东尼·吉登斯:《社会的构成》(*La Constitution de la société*),巴黎:法国大学出版社,1987年(1984年第一版)。

大影响下所产生的主观意愿。在过去,这些研究通常只会被当成社会学界的"非主流",也不曾引起足够的重视,但如今它们却成为不可或缺的理论基石,这源于现代性第二阶段所特有的个体化浪潮。在这一浪潮中,就连"组织制度"体系的构建也意欲去制度化和提升个体的自主性。如今,不同派别的社会学理论纷纷聚焦于个体的形成和塑造,其中有的从社会制度①和多元社会化体系入手,也有的着眼于意识层面的考察,它们均为个体社会学的发展提供了丰富多样的研究思路。

第二节 非西方社会是否也存在"个体"?

长久以来,由于"个体"往往被视为西方现代文明独有的产物,所以社会学界一直认为只有发达国家才能产生"个体"的概念。路易·杜蒙就曾指出,虽然在任何时代、任何社会都有一些个体可以凭借自身经验自主行事,但是真正有能力解放自我、有权力特立独行的个体只有在启蒙思想影响下的现代社会才可能出现。②按照他的逻辑,前现代社会和非西方国家均与"个体"无缘。而就不同的个体主义流派来看,它

---

① 也可参见吕克·博尔坦斯基、伊夫·夏佩罗:《新资本主义精神》,巴黎:伽利玛出版社,1999年。

② 路易·杜蒙(Louis Dumont):《平等人》(*Homo Aequalis*),第1卷,巴黎:伽利玛出版社,1985年(1977年第一版),第16—17页。

们之间最大的差异似乎也不过是我们在第二章提到的不同西方国家出于不同的思想源流而出现的理论分歧。

就此,本书不仅意在回顾个体社会学以往的演进史,还试图展望未来的两个主要发展趋势:

第一个趋势是将历史学和人类学引入社会学研究。近几十年来,这两个领域的学者都发现,在前现代社会和非西方国家也有个体的存在。一些历史学著作①就指出,在所谓的"集体主义"社会中也具备个体主义的特征,比如个人签名与艺名的出现就是很好的例证。从这个意义上讲,"传统"社会与"现代"社会在时间上的严格划分就变得不那么清晰了。

第二个发展趋势更为重要,它所关注的不是个体的过去,而是个体的未来。近几十年来,随着发展中国家现代化水平的提升,西方社会学界不得不开始将视线投向其他民族的个体化进程。不过目前这样的研究还处于起步阶段。而更亟需改变的是,我们今天仍在用"欠缺"和"欠发达"等词汇来描述前现代社会和非西方国家中的个体主义理念,同时,那些主张以多元视角看待历史变迁和现代化进程的理论也不足以向世人展现其他形式的个体化经验。

---

① 科林·莫里斯(Collin Morris):《发现个体:1050—1200 年》(*The Discovery of the Individual, 1050—1200*),伦敦:SPCK 出版社,1972 年;布丽吉特·米莉亚姆·波杜-莱扎克(Brigitte Miriam Bedos-Rezak)、多米尼克·伊奥尼亚-普拉特(Dominique Iogna-Prat)编:《中世纪的个体:前现代社会中的个体性与个体化》(*L'Individu au Moyen Âge:Individuation et individualisation avant la modernité*),巴黎:奥比出版社,2005 年。

所以，这就是今后我们要努力的目标。为此，个体社会学必须具备全球化视野。在不同的时空背景下寻找个体之间的共性，这无疑会为创建新的理论体系"添砖加瓦"，也能给研究方法的改进提供思路，借此来拓展访谈法和生命叙事法的功用。可以肯定的是，我们今天构建的现代性理论将接受现实的验证，而这个验证过程恐怕不再有西方社会的参与，而是改用全新的历史文化视角，在中国、巴西、南非、土耳其、印度尼西亚和俄罗斯等各类社会场域中对多样化的个体体验加以比较。

如今，我们对个体的认知已离不开社会变迁带来的影响。在过去的很长一段时间里，社会学者倾向于按照斐迪南·滕尼斯的说法把个体简化为两种类型，即"共同体中的个体"与"社会中的个体"。[①] 但今后，我们必须拓宽这样的认知，一方面开始考察那些身处传统文明与现代社会之间的个体（借此引入历史学与人类学元素），另一方面还应重点关注千差万别、各有特色的个体，通过对他们的研究来发掘不同民族的生命体验，以及形形色色的现代化模式。简言之，尝试从个体层面建立一种切合现实社会的社会学将十分必要。

---

① 斐迪南·滕尼斯:《共同体与社会》。

索 引

（索引页码为原书页码，即本书边码）

A

Adorno T. W. 阿多诺,T. W. 50
Alexander J. C. 亚历山大,J. C. 45
Amrani Y. 阿姆拉尼,Y. 105, 106,162
Anderson P. 安德森,P. 9—11
Aron R. 阿隆,R. 50
Astier I. 阿斯缇耶,I. 13,84

B

Bajoit G. 巴约特,G. 105
Balzac H. de 巴尔扎克,H. 德 57—58
Barrère A. 巴莱勒,A. 58
Bauman Z. 鲍曼,Z. 37
Beaud S. 鲍德,S. 105,106,162
Beck U. 贝克,U. 28,37—39,50, 61,62,64,73,116,130,153
Beck-Gernsheim E. 贝克-格尔恩斯海姆,E. 37
Bedos-Rezak B. M. 波杜-莱扎克, B. M. 167

Bell D. 贝尔,D. 46
Bellah R. 贝拉,R. 44
Berger P. 伯格,P. 66,81,92,97, 103,111
Berman M. 伯曼,M. 9—11,13
Bert A. 贝尔特,A. 140
Blumer H. 布鲁默,H. 165
Boltanski I. 博尔坦斯基,I. 85,166
Boudon R. 布东,R. 95—97
Bouffartigue P. 布法蒂格,P. 118
Bourdieu P. 布尔迪厄,P. 33,58, 64,69,70,72,74,92,101, 103,119,120

C

Camus A. 18
Caradec V. 卡拉戴斯,V. 115
Carrière J. 卡里埃尔,J. 124
Castel P. H. 卡斯特尔,P. H. 122
Castel R. 卡斯特尔,R. 39,54, 115,135,136,144
Chamborédon J.-C. 尚博莱顿, J.-C. 103

Chapoulie J.-M. 夏布利,J.-M. 45

Chauvel L. 肖维尔,L. 103

Chiapello È. 夏佩罗,È. 85,166

Clair I. 克莱尔,I. 82

Coninck F. de 考南柯,F. 德 63

Connell R. W. 康奈尔,R. W. 43

Cooley C. 库利,C. 13

Corcuff P. 柯尔库夫,P. 63,64

Crozier M. 克罗齐耶,M. 58

D

Darmon M. 达蒙,M. 69

Descartes R. 笛卡尔,R. 56

Dubar C. 度巴,C. 114,119

Dubet F. 杜贝,F. 25,31,86—88

Dumont L. 杜蒙,L. 167

Dupuy J.-P. 迪皮伊,J.-P. 140

Durkheim É. 涂尔干,É. 12,16—18,20—24,28,29,31,32,57,97,98,103,161,164,165

Duvoux N. 杜沃,N. 13

E

Ehrenberg A. 艾伦伯格,A. 74,78—80,131,162,163

Elias N. 埃利亚斯,N. 33,43,48,51—53,56,65,74,76,166

Engels F. 恩格尔,F. 9

Ernaux A. 埃尔诺,A. 164

Evans-Pritchard E. 埃文斯-普理查德,E. 162

F

Fassin D. 法桑,D. 74—76

Filloux J.-C. 菲尤,J.-C. 107,110

Foucault M. 福柯,M. 74,76,92

Franklin B. 富兰克林,B. 44,117

Freud S. 弗洛伊德,S. 50

G

Garfinkel H. 加芬克尔,H. 122,123

Gaulejac V. de 戈勒雅克,V. 德 109,164

Giddens A. 吉登斯,A. 37,53,55,61,74,166

Godard F. 高达尔,F. 118

Goffman E. 戈夫曼,E. 34—36,165,166

Gouges O. de 古热,O. 德 33

Gramsci A. 葛兰西,A. 148

H

Habermas J. 哈贝马斯,J. 50

Halbwachs M. 哈布瓦赫,M. 58,105,165

Haroche C. 阿洛什,C. 39,54

Hayek F. 哈耶克,F. 53

Heidegger M. 海德格尔,M. 48

Heinich N. 海涅克,N. 124,125

Herder J. G. 赫尔德,J. G. 22,48

Herpin N. 埃尔潘,N. 45

Hirschhorn M. 赫斯霍恩,M. 165

索引　235

Hobhouse L. 霍布豪斯, L. 54
Hoggart R. 霍加特, R. 120—123
Honneth A. 霍耐特, A. 50
Horkheimer M. 霍克海默, M. 50

I

Illouz E. 伊鲁兹, E. 136, 137
Iogna-Prat D. 伊奥尼亚－普拉特, D. 167
Iribarne P. d' 伊利巴尔纳, P. 德 56

J

Joubert M. 茹贝尔, M. 115

K

Kant E. 康德, E. 138
Kaufmann J.-C. 考夫曼, J.-C. 64—69, 106, 107, 123
Kellner H. 凯尔纳, H. 81
Kornhauser W. 考恩豪瑟, W. 47

L

Lahire B. 拉伊尔, B. 25, 64, 69—73, 97, 101, 125, 163, 166
Lapeyronnie D. 拉佩罗尼, D. 55
Lasch C. 拉希, C. 47
Latour B. 拉图尔, B. 85
Le Play F. 勒普莱, F. 15, 58
Leclerc-Olive M. 勒克莱尔克－奥利弗, M. 107
Léonetti J. 列奥奈蒂, J. 140
Lepenies W. 勒佩尼斯, W. 57

Liefmann R. 利夫曼, R. 95
Locke J. 洛克, J. 55
Luckmann T. 卢克曼, T. 66, 92, 103, 111
Lukacs G. 卢卡奇, G. 50
Lukes S. 路克斯, S. 45
Lyman S. M. 黎曼, S. M. 48

M

Macpherson C. B. 麦克弗森, C. B. 54
Maine H. 梅因, H. 19
Makine A. 马奇诺, A. 124
Mann M. 曼, M. 30
Marcuse H. 马尔库塞, H. 50, 51
Marry C. 玛丽, C. 99
Marshall T. H. 马歇尔, T. H. 54
Martin O. 马丁, O. 102
Martuccelli D. 马尔图切利, D. 12, 33, 58, 87, 89, 105, 110, 114, 115
Maruani M. 马鲁阿尼, M. 117
Marx K. 马克思, K. 9, 48, 49, 64, 117
Mauss M. 莫斯, M. 74
Mead G. H. 米德, G. H. 80, 81, 92, 164, 165
Memmi D. 梅米, D. 74—77
Mill J. S. 米勒, J. S. 53, 139
Millet C. 米耶, C. 133, 134
Mills C. W. 米尔斯, C. W. 86
Montaigne M. de 蒙田, M. 德

22, 57
Morris C. 莫里斯, C. 167

O

Obershall A. 奥博肖尔, A. 45
Ollitraut S. 奥利特罗, S. 113

P

Palante G. 帕朗特, G. 17, 18
Parsons T. 帕森斯, T. 33, 37, 45, 46
Passeron J.-C. 帕斯隆, J.-C. 103, 120—122
Pic de la Mirandole J. de 皮克·德拉米兰多尔, J. 德 128
Pinçon M. 潘松, M. 118
Proust M. 普鲁斯特, M. 57
Putnam R. 帕特南, R. 47

R

Ramos E. 拉莫斯, E. 112, 115
Revel J. 勒维尔, J. 123
Riesman D. 雷斯曼, D. 46
Rilke R. M. 里尔克, R. M. 116
Rodriguez J. 罗德里格兹, J. 54
Rosanvallon P. 罗桑瓦隆, P. 120
Rose N. 罗斯, N. 74
Rousseau J.-J. 卢梭, J.-J. 59, 129
Rustin M. 鲁斯汀, M. 13

S

Saint-Simon L. de 圣西门, L. 德 58

Sandel M. J. 桑德尔, M. J. 140
Sartre J.-P. 萨特, J.-P. 86, 92, 119, 123
Schnapper D. 施纳贝尔, D. 58
Sen A. 森, A. 114
Sennett R. 桑内特, R. 47, 84
Shakespeare 莎士比亚 146
Simmel G. 齐美尔, G. 11, 13, 21—28, 48, 63, 96, 166
Singly F. de 桑格利, F. 德 17, 25, 39, 81—84, 97, 100, 102, 104, 112, 116, 125, 165, 166
Spencer H. 斯宾塞, H. 53
Starobinski J. 斯塔罗宾斯基, J. 59
Sternhell Z. 斯特恩海尔, Z. 22
Strauss-Kahn D. 斯特劳斯-卡恩, D. 136

T

Taylor C. 泰勒, C. 22, 81
Terrail J.-P. 特拉耶, J.-P. 72, 118
Thévenot L. 戴福诺, I. 85
Thoreau H. D. 梭罗, H. D. 44
Tocqueville A. de 托克维尔, A. 德 13, 46, 47
Todorov T. 托多洛夫, T. 120
Tönnies F. 滕尼斯, F. 18, 19, 24, 168
Touraine A. 图海纳, A. 58, 85, 92
Turner B. S. 特纳, B. S. 74

V

Valéry P. 瓦莱丽, P. 119

Vandenberghe F. 范登博格, F. 50
Vidich A. 维迪奇, A. 48

W

Wagner P. 瓦格纳, P. 29, 30, 38
Weber M. 韦伯, M. 49, 63, 95, 117

Whitman W. 惠特曼, W. 44
Wieviorka M. 维沃尔卡, M. 163

Z

Zorn F. 佐恩, F. 119

译 后 记

　　法语翻译并不是我的本职。确切地说,我只算得上一个翻译工作的业余爱好者。与许多科班出身的专业人员不同,我从未接受过正规的笔译训练,也从未上过有关翻译技巧和翻译理论的课程。只是出于纯粹的个人爱好和对法国语言文化的兴趣,加上网络的便利,我开始摸索着试译一些文章,并借此结识了一批同样"不务正业"又不计得失的伙伴。几年来,在与他们不断的交流、切磋,甚至围绕一个单词、一个标点进行的辩论和争执中,我逐渐对翻译工作的内涵有了一点点思考与心得,也从见仁见智的各种"流派"那里汲取了些微"营养"。当然,较之"从理论到实践"或"理论与实践并行"这两种学习和演练方法,像我这般直接由实践开始,再从其中慢慢摸索经验、总结道理的路子的确少了点"巧劲",多半会被翻译专业的行家里手取笑。不过,即便整个摸索的过程漫长而曲折,但正如孔子所说,"知之者不如好之者,好之者不如乐之者",既然我是乐在其中,更何况有志趣相投的伙伴携手与共,那也无所谓辛苦与煎熬了。这可能就是个体自主意识的力量和释放"本我"的畅快吧。

在与伙伴的交流学习中，我粗略地了解到，当前的翻译界大致存在两种倾向：一种极其强调忠实地传达作者的原意、复刻作者的行文，有时候要求译者一字不漏地将原文翻译出来，甚至连句法结构也须对应着搬套。如此一来，便形成了"翻译体"式的汉语表达。今天，这种表达方式在社会科学领域的论文和著述中处处可见。而另一种则更加注重读者的语言习惯、阅读偏好和接受程度。为了达到这个目的，译者需要在充分"咀嚼"原文之后，再用自己的话流畅、自然地把其中的意思表述出来。这类翻译不必严格按照作者的笔法梳文栉字，更多的是要想办法如何让文字流利顺畅，好便于读者的阅读和理解。如果说译者的作用是搭建一座能够跨越时空将作者和读者连结在一起的桥梁，那么找到桥梁的"平衡点"就显得十分重要了。理想的状态是，译文既忠实地复刻作者的遣词造句，又满足读者的阅读要求，不过这种情况很难遇到，因为它出现的条件是原作与译作所使用的词义和句法结构相近、作者与读者的文化差异极小。所以说，译者通常要在作者与读者之间选择一个侧重点。就我个人而言，"以读者为重"的翻译思路更契合自己的口味和理念。其中的理由在于，忠实地复制作者的句式和用词似乎是一种机器大工业时代的做法，里面少了一些今天所倡导的人性化特质。读者要想领会原文的意思，就必须舍弃一部分自己本来熟悉的阅读习惯和文化思维，而转向或并入另一种陌生的语言体系之中。所以，有的读者会中途放弃并开始排斥这类

"翻译体"式的译作,还有的会努力研读,但到底能读懂几分却未可知。这样一来,译作能否向读者传达作者的思想就需要打个问号。更何况在未来,智能化的翻译工具将越发精进,这种"字对字"的直译也将被机器所取代。相反,讲求"以读者为重"的译文更像是手工定制的"艺术品",其"工艺流程"充满着个性化和感性化的风致。而秉持这一思路的译者也好似一位位贴心的厨师,虽然作者早已确定了菜谱和食材,但他们仍会尽力把握顾客的口味和饮食习惯,并在此基础上进行独具特色的烹制和调味,以便让呈上餐桌的菜肴更易于入口,也更受欢迎。恰巧,本书中介绍的个体主义思想在这里就有所体现:一方面,在翻译的过程中,译者不再是"流水线"上的一环,而是拥有个人语言风格和自我表达意识的主体;另一方面,在阅读的过程中,读者也不再是被动的知识接收者,他们的理解和认知方式同样受到了尊重。然而,这种翻译方式说来容易,真正做到却需要译者既能充分领会作者的意思,又要深知读者的偏好,而且还得行文流畅、妙笔生花。其实,这就像个体在个体化进程中必须面对的种种挑战一样,充满了艰难困苦。

不仅如此,翻译社会科学类的法语作品还会多一分难度。在阅读中我发现,与许多英文的著述不同,法国社会学领域的作品往往讲究华丽的辞藻、生动的描绘、深奥的隐喻和细节的展现。因此,这些作品在彰显逻辑性和学术性之外,还带有更强的艺术性和思辨性。这就给翻译工作提出了极高的要求。为保留原作的双重特质，译者一方面须顾及用词的专业性和准确性，另一方面还要在文风上强化译作的文学性和美学性。所以，向读者呈现一部合格的社会学译作对于每一位法语译者来说都是艰巨的任务。也难怪许多前辈常常提到"母语功底的重要性"和"再创作的艰辛"，他们能将布尔迪厄、列维-斯特劳斯、福柯等人笔下晦涩而优雅的文字转化为畅达明了的汉语实在是令人佩服。

好在本书的两位作者并不像老一辈的法国学者那样喜欢使用大量的长句、从句和修饰性短语，也较少引入或发明一些难懂、拗口的专有名词（除一些社会学的专业术语之外）。相比之下，他们的思辨和演绎方式要通俗许多。由于本书的写作目的是为了概括性地介绍个体社会学的理论及方法，所以两位作者更注重语言上的清晰简练和内容上的丰富多样。不过即便如此，这种简练的写作笔法仍会从其他方面给翻译工作增加难度。首先，对于那些不熟悉社会学的读者而言，简洁的语句容易略过一些解释性的信息，从而使他们感到作者的行文和思路过于跳跃。尤其是一些源于社会学名作且如今已被学界广泛使用的词汇或概念，如"场域""惯习""私人生活的专制"等。鉴于此，我要么为这些词汇添加了注释，要么在前后文中做了些许说明。其次，对于不太熟悉法国历史与社会背景的读者来说，书中所举的一些实例可能也相当陌生。于是，我用两种方式对此进行了处理。第一种仍是添加脚注，如"德雷福斯事件"、奥兰普·德·古热及其《女性与公民权利宣言》。另一种是在遣词上稍作补充或修饰,如在第四章的第三节,针对阿姆拉尼在访谈中提到的索肖-蒙贝利亚尔市郊,我在后面补加了"贫民区"一词。这是因为,法国城市的市郊多为移民和弱势群体的聚居区,那里的生活条件、治安状况往往较差,少数族裔在那里构建的亚文化圈也常受到法国中产阶级或社会上层的排斥。在绝大多数情况下,市郊的年轻人会被视为主流社会的边缘人群,同时他们也常与失学、失业、贫困、暴力、犯罪等词汇联系起来。很明显,阿姆拉尼是一个北非裔的青年,他能跳出这样的环境并成为一名热爱思考的大学生,在同一阶层的年轻人当中实属少见,因而引发了鲍德的研究兴趣。以上这些说明文字不可能全部添加在译文中,作为脚注也会十分繁冗,所以我选用了"贫民区"这个词来凸显法国"市郊"的主要特征,以期让读者借助自己的知识储备和联想力迅速地捕捉到原文中隐含的信息。当然,这种处理方式是否恰当,还请诸位评判。再次,作者之所以行文简洁,正是因为他们大量使用了代词。在本书中,为了减少误读,虽然有的句子可能过长,但除了少数一些意思已经非常明确的代词之外,我将大部分代词所指代的名词或句子都原原本本地译了出来,若有不妥,还恳请诸位指正。

《个体社会学》这本译作,虽然区区百余页,但几经修改,也断断续续花费了我一年的时间。在这个过程中有苦也有乐,但更多的是对翻译工作的新思考、新领悟,以及亲手建起一座"桥梁"时所获得的成就感。当然,译文中免不了我未察觉到的疏漏,对一些词汇和句子的处理也欠些"火候",谨望读者们不吝赐正。

最后也是最需要强调的是,有赖于商务印书馆的认可、编辑傅楚楚老师的悉心校阅和两位作者的信任,这本书才终能出版发行。他们将这样一部极具价值的作品交付于我,并让我有机会把自己的中译本奉献给广大的中国读者,这是无比的荣幸,也将是激励我在翻译的道路上继续摸爬滚打的原动力。在此,我向以上诸位致以最由衷的感谢!

吴 真

2018 年 10 月于济南

图书在版编目(CIP)数据

个体社会学/(法)达尼罗·马尔图切利,(法)弗朗索瓦·德·桑格利著;吴真译.—北京:商务印书馆,2020
(2021.9重印)
ISBN 978-7-100-18894-4

Ⅰ.①个… Ⅱ.①达… ②弗… ③吴… Ⅲ.①个人社会学 Ⅳ.①C912.1

中国版本图书馆 CIP 数据核字(2020)第 147353 号

权利保留,侵权必究。

个体社会学

〔法〕达尼罗·马尔图切利 著
　　　弗朗索瓦·德·桑格利
　　　　　吴　真　译

商 务 印 书 馆 出 版
(北京王府井大街 36 号　邮政编码 100710)
商 务 印 书 馆 发 行
北京艺辉伊航图文有限公司印刷
ISBN 978-7-100-18894-4

2020 年 9 月第 1 版　　　开本 850×1168　1/32
2021 年 9 月北京第 2 次印刷　印张 8¼
定价:48.00 元